Lewrick/Di Giorgio
Live aus dem Krypto-Valley

Live aus dem Krypto-Valley

von

Michael Lewrick

Christian Di Giorgio

Verlag Franz Vahlen München

Versus Verlag Zürich

Die Autoren

Wir freuen uns auf den Austausch zum Thema Blockchain, Krypto und Design von Business Ökosystemen.

Michael Lewrick
Michael hatte verschiedene Rollen in den letzten Jahren. Er verantwortete Strategic Growth, fungierte als Chief Innovation Officer und legte das Fundament für unzählige Wachstumsinitiativen in Branchen, die sich in der digitalen Transformation befinden. In den letzten Jahren hat er sich intensiv mit dem Design von Business Ökosystemen auseinandergesetzt, im Besonderen im Zusammenhang mit Blockchain als Schlüsseltechnologie. Diverse Start-ups und internationale Unternehmen haben mit seiner Hilfe neue Business Ökosysteme gestaltet und disruptive Innovationen realisiert. Er ist u. a. Herausgeber des internationalen Bestsellers „Das Design Thinking Playbook".

https://ch.linkedin.com/in/michael-lewrick

Christian Di Giorgio
Christian hat ein besonderes Talent: Er überführt zielgerichtet Business-Anforderungen in digitale Lösungen. Als studierter Informatiker und Betriebswirt kennt er beide Welten. In den letzten zwei Jahrzehnten gestaltete er funktionstüchtige ICT-Architekturen für komplexe Herausforderungen in der IT. Nach seiner Karriere bei IBM und Swisscom begleitet er heute Großunternehmen und Start-ups im Krypto-Valley als Blockchain-Berater. Kunden schätzen Christians IT-Expertise und -Erfahrung, insbesondere bei den Herausforderungen, Blockchain-Applikationen in bestehende IT-Landschaften zu integrieren.

https://www.linkedin.com/in/christiandigiorgio

www.krypto-valley.com

ISBN (Vahlen) 978 3 8006 5747 6
ISBN (Versus) 978 3 03909 281 9

© 2018 Verlag Franz Vahlen GmbH,
Wilhelmstraße 9, 80801 München
Satz: Fotosatz Buck
Zweikirchener Str. 7, 84036 Kumhausen
Druck und Bindung: Westermann Druck Zwickau GmbH
Crimmitschauer Str. 43, 08058 Zwickau
Umschlaggestaltung: Ralph Zimmermann – Bureau Parapluie
(nach Vorgaben der Autoren)
Visualisierungen: Achim Schmidt
Gedruckt auf säurefreiem, alterungsbeständigem Papier
(hergestellt aus chlorfrei gebleichtem Zellstoff)

> „Live aus dem Krypto-Valley" unterteilt sich in fünf Kapitel. Der Leser wird schrittweise an das Thema herangeführt und erhält auf diese Weise ein gutes Grundwissen über Blockchain.

Das Konzept des Krypto-Valley-Buches

Kurze Statements zu wichtigen Aussagen

Die gelb markierten Texte heben die wichtigsten Aussagen hervor oder zitieren Experten.

Persona

Durch das Buch begleiten uns verschiedene Personas, die je nach ihren Zielsetzungen entsprechende Fragen stellen.

Fokussierung auf einen Themenschwerpunkt

Pro Abschnitt wurden die Themen hervorgehoben, die für die einzelnen Personas von besonderem Interesse sind.

Beispiele, Anwendungsfälle & Interviews

In jedem Kapitel finden sich Beispiele und Use Cases von Machern, Unternehmen und Start-ups im Krypto-Valley.

Auf den Punkt gebracht

Am Ende der Kapitel werden die Aussagen kurz reflektiert.

Begrifflichkeiten

Bitcoin	Bitcoin ist die populärste und, nach der Marktkapitalisierung, die größte digitale Kryptowährung.
Blockchain	Blockchain ist eine dezentrale Datenstruktur, die durch kryptografische Signaturen und „Hash"-Codes Eigenschaften der Unveränderbarkeit und Nachvollziehbarkeit garantiert.
Business Ökosystem	Besteht aus verschiedenen Akteuren, die zusammen Wertschöpfung für eine zu erreichende Value Proposition betreiben.
Cold Storage – Vault	Ist ein sicherer Speicher von digitalen Assets und Kryptowährungen. Ein Vault ist i. d. R. vom Internet abgekoppelt.
Distributed Ledger vs. Blockchain	Blockchain ist eine Variante von einem Distributed Ledger.
Distrubuted Ledger Technologie (DLT)	Im Gegensatz zu traditionellen Datenbanken verfügen verteilte Ledger über keine zentrale Datenspeicher- oder Verwaltungsfunktionalität.
Ethereum	Ethereum ist aktuell die bekannteste und beliebteste öffentliche Blockchain zur Erstellung von Smart Contracts und für die Durchführung von ICOs.
Fork	Ein Fork bezeichnet die Spaltung eines Blockchain-Systems.
Soft Fork	Bezeichnet die Spaltung der Software. Die unterliegende Datenstruktur und das Netzwerk haben Bestand. Für Nutzer transparent, gleicht einem Software-Update.

Begrifflichkeiten

Hard Fork	Nach diesem Fork bestehen zwei Versionen der Blockchain (Daten und Netzwerke). Der Nutzer muss sich entscheiden, welche Version er weiter nutzen möchte.
Hashing	Hashing ist ein kryptografisches Verfahren zur Erzeugung eines eindeutigen „Fingerabdrucks" bei einem digitalen Datensatz.
ICO – Initial Coin Offering	ICOs haben das Ziel, ein Blockchain-Projekt oder eine Firma zu finanzieren. Firmen geben hierzu Tokens aus, die unterschiedliche Rechte haben können.
TGE – Token Generating Event	Ein TGE ist nicht unbedingt ein „Offering" im Sinne eines ICOs. TGEs haben keine versprochene Gegenleistung.
Intermediär	Dies sind Unternehmen, die zwischen Akteuren agieren, um einen Mehrwert wie Sicherheit, Vermittlung und andere Funktionen zu bieten. Dazu zählen z. B. Banken oder Versicherungsbroker.
Konsensverfahren – Mining	Das Konsensverfahren schützt die Blockchain vor Manipulationen. Ein Anreizsystem sorgt für die Integrität und Konsistenz des Systems.
Kryptografie	Ist eine Wissenschaft zur Entwicklung von Kryptosystemen. Es ist Basis einer Blockchain.
Kryptowährung	Ist ein digitales Zahlungsmittel, das mit den Prinzipien der Kryptografie, in einer dezentralen Architektur, transferiert wird (siehe Bsp. Bitcoin).
Peer-to-Peer	Jeder Teilnehmer agiert direkt und unmittelbar mit den anderen Teilnehmern des Systems. Alle Teilnehmer sind dabei gleichberechtigt.

Begrifflichkeiten

Proof of Work (PoW)	PoW verhindert einen Angriff auf das Netzwerk, nach dem es unprofitabel ist, gefälschte Inhalte zu produzieren.
Proof of Stake (PoS)	PoS ist ein weiterer Weg, um Transaktionen zu validieren. Die validierten Knoten erhalten einen Anteil an den Transaktionsentgelten.
Smart Contract	Smart Contracts sind Programme, die autonom auf einer Blockchain vordefinierte Aufgaben ausführen.
Tangle & Hashgraph	Tangles oder Hashgraphs sind neuartige Datenstrukturen, um effizient Distributed Ledgers (DLT) zu implementieren.
Token	Ein Token beschreibt in der kryptografischen Welt einen „Wert", der auf der Blockchain dargestellt wird.
Token Economics	Fachbegriff für die Funktionsweise und die wirtschaftlichen Eigenschaften eines Token-Systems (z. B. emittierte Menge an Token, Rechte, Pflichten etc.).
Value Streams – Wertströme	Jede Transaktion, in der Werte übertragen werden (z. B. Geld, Güter, digitale Assets etc.), können als Value Streams (Werteströme) bezeichnet werden.
Wallet	In einer Wallet sind die privaten Schlüssel enthalten, mit welchen ein Nutzer auf seine digitalen Assets, z. B. Bitcoins, zugreifen kann.
Whitepaper	Es dient der Öffentlichkeitsarbeit für einen ICO und gibt einen Einblick in das Geschäftsmodell, Token Economics, Technologie und IT-Gesamtarchitektur des Projekts.

Die wichtigsten Icons

 Assessment

 Bitcoin (Kryptowährung)

 Blockchain

 Business Ökosystem (Design)

 Community

 DLT (dezentrales System)

 Gesetz/Regulation

 Internet (zentrales System)

 Interview

 Investion & Wert

 Konzept & Idee

 Krypto

 Roadmap

Die wichtigsten Icons

 Smart Contract

 Token

 Wallet

Vorwort von Ralf Glabischnig

- Co-Founder Crypto Valley Labs
- Managing Partner inacta AG
- Partner Lakeside Partners AG

Im Korridor zwischen Zürich und Zug entwickelt sich seit 2013 ein höchstspannendes und dynamisches Umfeld, das sogenannte „Krypto-Valley". Durch Firmen bzw. Projekte wie Monetas, Bitcoin Suisse und Ethereum gab es eine Initialzündung und ein erstaunliches Momentum. Die offene Haltung des Kantons und der Stadt Zug hat zudem einen positiven Einfluss auf die ganze Schweiz und Liechtenstein. Anfang 2018 waren fast 500 Unternehmen mit mehr als 3000 Mitarbeitern, die sich im Krypto-Valley intensiv mit der Blockchain-Technologie beschäftigen, erfasst (siehe Krypto-Valley Branchenbuch Seite 165). Derzeit sehe ich primär drei Anwendungsbereiche für die Blockchain-Technologie:

- Erstens: Kryptowährungen, wie z. B. Bitcoin, mit dem ursprünglichen Ziel als Zahlungsmittel und/oder zur Wertaufbewahrung zu dienen.
- Zweitens: Risikokapital (Venture Capital) für Jungunternehmen oder Projekte – primär im Blockchain Bereich – die mittels sogenannten ICOs (Initial Coin Offerings) ihre Finanzierung sicherstellen.
- Drittens: Prozessinnovationen in sehr vielen Bereichen unseres täglichen Lebens, die durch das sogenannte „Internet der Werte", die nächste Generation des Internets und von neuen Geschäftstransaktionen einläutet.

Um die Anwendungsbereiche bestmöglich zu unterstützen, haben meine Geschäftspartner Marco Bumbacher, Mathias Ruch und ich die „Crypto Valley Labs", unter dem Slogan „The Worldwide Home for Blockchain", eröffnet. So haben wir den Grundstein gelegt, die Akteure noch besser zu vernetzen und Raum für neue Kooperationen und Aktivitäten zu schaffen. Das Lab bringt Talent, Kapital und Infrastruktur zusammen.

Deshalb freut es mich umso mehr, dass es jetzt ein Buch aus dem Krypto-Valley gibt. Mit „Live aus dem Krypto-Valley" ist Michael Lewrick und Christian Di Giorgio ein Brückenschlag gelungen. Das Buch setzt den inspirierenden Rahmen und gibt zugleich konkrete Hinweise zum Vorgehen um ein Blockchain-Vorhaben zu starten – viel Spaß beim Lesen!

Zug, im Juni 2018 *Ralf*

Inhaltsverzeichnis

Das Konzept des Krypto-Valley-Buches V
Begrifflichkeiten VII
Die wichtigsten Icons XI
Vorwort von Ralf Glabischnig XIII

Motivation
    Unsere Motivation für das Buch 3
    Sechs Blickwinkel auf das Thema Blockchain 6

Kapitel 1: Die Digitale (R)Evolution 13
    Beispiel E-Mobilität – effiziente Transaktionen. 17
    Was ist eine Blockchain? 19
    Wer ist die „Mutter" aller Blockchains? 21
    Welches Problem löst Blockchain?. 22
    Welche Aufgaben haben Intermediäre? 24
    Wie kann Blockchain die Rolle der Intermediäre übernehmen? 27
    Was verbirgt sich hinter BaaS?. 31
    Wie funktioniert eine Blockchain für eine Branche? . . 32
    Wie Blockchain Konsumenten zu Produzenten macht 34
    Welche Arten von Blockchains gibt es? 37
    Was ist der Unterschied zwischen PoW und PoS? 39
    Welche Blockchain eignet sich wofür? 40
    Wer initiiert diese verteilten Systeme? 42
    Wie finanzieren sich solche Systeme? 43
    Interview mit Etherisc. 44
    Interview mit dem B3i Konsortium. 48

Kapitel 2: Alles wird Krypto 53

Was bedeutet Hashing?........................... 55
Wie funktioniert die digitale Signatur? 56
Was ist eine Kryptowährung? 60
Beispiel: Autonomes Einkaufen – der smarte Kühlschrank 63
Wer bestimmt den Wert dieser Kryptowährungen? .. 64
Wie wird in einem dezentralen System eine Währung gesteuert?....................................... 67
Oft wird Bitcoin mit Gold verglichen. Warum? 67
Wie werden die Marktregeln in solchen dezentralisierten Systemen bestimmt?.............. 68
Was ist der Unterschied zwischen dem inneren und dem tatsächlichen Wert?......................... 69
Wie wird Krypto heute für die Bezahlung eingesetzt? 70
Was ist ein Smart Contract? 71
Beispiel Smart Contract – der Mietvertrag........... 73
Ist ein Smart Contract ein echter Vertrag? 77
Welche Teile eines Vertrages eignen sich für Smart Contracts?....................................... 77
Was ist bei Smart Contracts aus rechtlicher Sicht zu beachten?....................................... 79
Wie lassen sich „Silly Contracts" und Smart Contracts verknüpfen?..................................... 80
Interview mit dem Car Dossier Projekt 81

Kapitel 3: Die neuen Ökosysteme.................. 87

Was ist ein Business Ökosystem?.................. 89
Warum gibt es neue Wertströme? 90
Wie reagieren die Intermediäre auf diese Veränderung? 91
Welche Fähigkeiten braucht die nächste Welle der Digitalisierung? 92
Beispiel: Musikindustrie – „Cut the middleman" 94
Was wäre, wenn es keine Intermediäre in der Musikindustrie mehr geben würde?................ 95

Inhaltsverzeichnis XVII

    Die Ära von konsensbasierten Ökosystemen 97
    Warum sind die Ökosysteme neu zu gestalten? 98
    Worin unterscheidet sich ein zentralisiertes Business-Netzwerk von einem dezentralisierten Ökosystem? .. 99
    Auf welcher Grundlage werden die neuen Ökosysteme gestaltet? 100
    Wie ist der Ablauf in der Gestaltung von Business Ökosystemen? 102
    Welche Werkzeuge und Methoden helfen in der Gestaltung? 105
    Interview mit SkyCell/Smart Containers........... 107

Kapitel 4: Token Events 113
    Was ist ein Token? 115
    Welche Arten von Token gibt es?.................. 116
    Welche Entwicklungsstufen durchläuft ein Token?... 119
    Wofür kann ein Token eingesetzt werden? 122
    Eignen sich Tokens als Investition?................ 123
    Was ist ein ICO? 125
    Für welche Vorhaben macht ein ICO Sinn? 126
    Warum sind ICOs so populär?..................... 127
    Welches sind die typischen Meilensteine eines ICO?.. 130
    Interview mit MME 137

Kapitel 5: Blockchain Assessment 143
    Aus welchen Bestandteilen besteht das Assessment? . 145
    Das Blockchain Assessment Framework 147

Ausblick 159

Krypto-Valley Branchenbuch...................... 165

Quellen 171
Stichwortverzeichnis 173

MOTIVATION

Motivation

Unsere Motivation für das Buch

In unserer täglichen Arbeit mit Innovatoren, Machern, Entrepreneuren und Entscheidungsträgern wiederholen sich die Fragen rund um das Thema Blockchain. Die am häufigsten gestellte Frage ist dabei: „Warum Blockchain?" Und so werden in diesem Buch diese und andere Fragen für die jeweiligen Anwendungsfälle beantwortet.

Zudem wird der Korridor, in dem wir leben – zwischen Zürich und Zug – auch als „Krypto-Valley" bezeichnet. So lag es nahe, eine Momentaufnahme aus dem aktuellen Geschehen mit „Live aus dem Krypto-Valley" zu erstellen. Diesen Namen hat die Region übrigens den unzähligen Blockchain-Firmen zu verdanken, die sich in den letzten Jahren hier angesiedelt haben, um gemeinsam neue Business Ökosysteme zu gestalten, Token zu lancieren und Blockchain-Applikationen zu entwickeln.

Dieser Kryptokosmos dreht sich sehr schnell und täglich hören wir von neuen Whitepapers für Initial Coin Offerings (ICOs), von disruptiven Ansätzen, welche den Intermediären (lateinisch „dazwischenliegend": Vermittler) die Marktmacht nehmen, und von Wachstumsfeldern, die durch Blockchain als Schlüsseltechnologie realisiert werden können. Es scheint, als ob jeder heutzutage ein „Blockchain-Hero" werden möchte. Aber viele hier im Krypto-Valley möchten einfach die Welt ein bisschen besser machen, ineffiziente Systeme revolutionieren oder eine besondere Erfahrung für den Nutzer in einer digitalisierten Welt schaffen. Und das alles passiert auf der Basis einer Technologie, die eigentlich nichts anderes macht, als Gewissheit zu schaffen. Die Realisierung von einem System, in dem es keine Fälschungen und Missverständnisse gibt.

Besonders wichtig erscheint uns dies aus heutiger Sicht in Bezug auf unsere Eigentumsrechte, Wertgegenstände, persönlichen Daten und anderen Sicherheiten. Da

> **„Warum Blockchain?" ist eine der am häufigsten gestellten Fragen. Diese und viele weitere Fragen werden einfach und verständlich beantwortet.**

wir naturgemäß Fremden gegenüber eher misstrauisch sind und wir über die Jahre auch lernen mussten, dass das Internet nicht unbedingt als sicher gilt, waren wir bislang gezwungen, Notare, Banken, Buchhalter und andere Intermediäre damit zu beauftragen, für hohe Spesen auf unser Eigentum aufzupassen oder den Eigentumstransfer sicher durchzuführen. So ließen wir eine Eigentumsübertragung beispielsweise notariell beurkunden, was bei einem Hauskauf mit bis zu einem 1 % des Kaufpreises zu Buche schlug.

Solche notariellen Aufgaben können z. B. Blockchain-Applikationen übernehmen. Die vertrauensvolle Beurkundung einer Eigentumsübertragung erfolgt dann im Konsensus von vielen Rechnern in verteilten Netzwerkknoten. Die einzelnen Rechner machen nichts anderes, als uns die Gewissheit zu geben, dass ein Eigentum von Person A zu Person B übertragen wird. Die gute Nachricht ist, dass diese Validierung einen Bruchteil der Kosten eines Notars ausmacht und absolut sicher ist.

Zudem ist Blockchain als Thema in fast allen Unternehmen angekommen. Für Innovatoren und Entscheidungsträger gilt es jetzt, die Auswirkungen von Blockchain und dessen Nutzen für den zukünftigen Unternehmenserfolg zu evaluieren. Die meisten Entscheidungsträger haben jedoch noch Schwierigkeiten bei der Auswahl der richtigen Anwendungsfälle. Dies liegt meist daran, dass das Konzept von Blockchain nicht vollumfänglich verstanden ist und es an Fähigkeiten im Unternehmen fehlt, komplexere Business Ökosysteme zu gestalten, die über eine Kunden-Lieferanten-Beziehung hinausgehen.

> **Blockchain revolutioniert unsere Märkte, unsere Ökosysteme und unser Handeln. Keine andere Technologie steht aktuell mehr für „Rapid Change".**

Dieses Buch soll aber am Ende keine Lobeshymne auf Blockchain sein, sondern ein Grundverständnis über Blockchain, Krypto und die Gestaltung von Ökosystemen vermitteln. Zudem möchten wir den inspirierenden Rahmen geben, der uns befähigt, die jeweiligen Anwendungsfälle besser zu beurteilen.

Motivation

Wir konzentrieren uns bewusst auf die Wachstumsmöglichkeiten und möglichen Geschäftsmodelle, die mit Blockchain-Applikationen realisiert werden können. Von der Gestaltung neuer Kundenerlebnisse über die Vereinfachung und Automatisierung von Prozessen bis hin zur Schaffung komplett neuer Ökosysteme: **Unser Anspruch war es, durch Visualisierungen und Praxisbeispiele alle konzeptuellen und technischen Inhalte einfach und verständlich für eine breite Leserschaft zugänglich zu machen.**

Viel Spaß beim Lesen, *Michael & Christian*

Sechs Blickwinkel auf das Thema Blockchain

Das Buch nimmt **sechs verschiedene Blickwinkel** ein und beantwortet die zentralen Fragen für etablierte Unternehmen, Start-ups, Investoren, Berater etc.

Über die vergangenen Jahre haben wir verschiedene Menschen kennengelernt, die Fragen zum Thema

Motivation

Blockchain, Krypto und dem Design von Business Ökosystemen hatten. Im Folgenden stellen wir diese Personengruppen und ihre häufigsten Fragen kurz vor. In den einzelnen Abschnitten haben wir die Personas jeweils farbig hervorgehoben, um das Kryptobuch u. a. zu einem schnellen und einfachen Nachschlagewerk zu machen.

Der Investor

- Welche Arten von Token gibt es?
- Welches ist der innere Wert einer Kryptowährung?
- Welche Rechte verkörpert ein Token?
- Welche Risiken sind zu berücksichtigen?

Die Zahl der Interessierten, die in Krypto investieren und an Initial Coin Offerings (ICOs) partizipieren möchten, steigt stetig. Zudem haben verschiedene Finanzinstitute strukturierte Produkte lanciert, die es ermöglichen, indirekt zu investieren. Viele Anleger wissen jedoch nicht, worin sie ihr Geld investieren und welche Rechte hinter den einzelnen Token stehen.

Der Entrepreneur

- Ist ein ICO das richtige Finanzierungsinstrument für mein Vorhaben?
- Was verbirgt sich hinter dem Begriff Token Economics?
- Was ist aus rechtlicher Sicht zu beachten?
- Wie ist das Vorgehen bei einem ICO?

Disruptive Ideen von Start-ups und KMUs auf traditionelle Weise zu finanzieren kann eine echte Herausforderung darstellen. Initial Coin Offerings (ICO) sind eine Alternative auf der Suche nach „frischem" Geld. Durch

Motivation

einen ICO lassen sich die Vorhaben von Start-ups oder KMUs besser finanzieren. Jedoch passt ein ICO nicht zu allen Geschäftsideen und Konzepten.

Der Softwareentwickler

Die digitale Transformation hat bereits viele neue Möglichkeiten für Softwareentwickler geboten. Die Entwicklung von Blockchain-Applikationen ist spannend und bietet Möglichkeiten, die nächste Welle der Digitalisierung aktiv mitzugestalten. Gut gerüstet ist, wer bereits gute Kenntnisse in Programmiersprachen wie C++, Java oder Python hat. Im Bereich der Smart Contracts halten vermehrt spezialisierte Programmiersprachen, wie z. B. Solidity, Einzug.

Die Blockchain-/ICO-Advisor

Alle großen Unternehmens- und Technologieberatungsagenturen, von Accenture, Deloitte bis hin zu PWC, sowie sehr viele kleine Blockchain-Boutiquen bieten Beratung im Bereich von Blockchain an. Die Angebote reichen von der Identifikation von Anwendungsfällen über die Erstellung von Business-Plänen bis hin zur Umsetzung von Proof of Concepts (PoCs). Spezialisierte ICO Advsiory Firmen, wie z. B. Inacta, Blockhaus oder Validity Labs, helfen bei den Token Economics und der Lancierung der Vorhaben.

Der Entscheidungsträger im Unternehmen

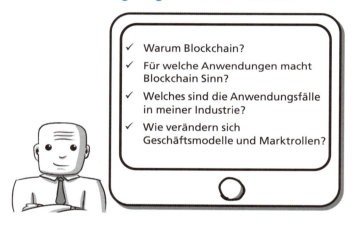

In allen Unternehmen ist Blockchain ein Thema. Für die meisten Entscheidungsträger ist diese (R)Evolution jedoch noch schwer nachzuvollziehen. Das Paradigma von dezentralen Strukturen, neuen Marktrollen, Wertströmen und Ökosystemen ist komplex. Die bis dato definierten Digitalisierungsstrategien hören oftmals bei der digitalen Bearbeitung von Kundenkanälen und der Prozessoptimierung auf. Die Fähigkeit, in Business Ökosystemen zu denken, fehlt den meisten Unternehmen, um das ganze Potenzial von Blockchain zu erkennen.

Motivation

Der Regulator

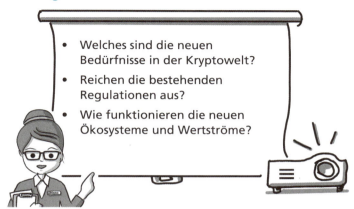

- Welches sind die neuen Bedürfnisse in der Kryptowelt?
- Reichen die bestehenden Regulationen aus?
- Wie funktionieren die neuen Ökosysteme und Wertströme?

Die Gesetzgebung und Regulation steht vor einer großen Herausforderung. Es müssen Strukturen und Gesetze geschaffen werden um die neuen, dezentralen Systeme bestmöglich zu unterstützen und zugleich die Rechtsstaatlichkeit und die geltende Gesetzgebung zu schützen. Die aktuelle Auslegung und Sicht des Regulators, beispielsweise auf die verschiedenen Token-Arten, hilft, Vorhaben zu planen und Risiken zu minimieren.

KAPITEL 1

Die Digitale (R)Evolution

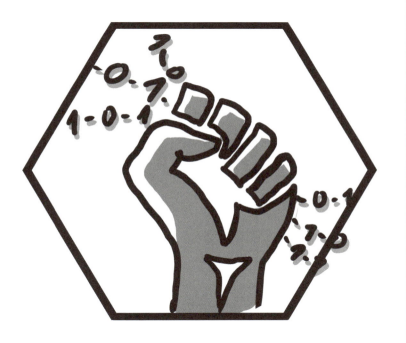

Die Digitale (R)Evolution

Die nächste Welle der Digitalisierung kommt ungebremst auf uns zu und Blockchain – als Schlüsseltechnologie – ist ein Treiber für diese Veränderung. Wer Blockchain nur als Hype ansieht, wird sich bald vielleicht schon wundern. Die Auswirkungen auf Geschäftsmodelle, Interaktionen zwischen Menschen, Organisationen und physische Gegenstände könnten größer sein als gedacht.

Die letzte Welle der Digitalisierung fühlte sich noch wie ein schöner Tag am Strand an. Es wehte eine leichte Brise, Unternehmen hatten Freude daran, lustige Apps zu bauen, digitale Kundenkanäle mehrdimensional zu bedienen etc. Der Ritt auf dieser digitalen Welle war für Unternehmen am Anfang eine Herausforderung, aber am Ende machbar. Und es zahlte sich aus: Der Kunde oder Nutzer hatte eine gute Interaktion und ein verbessertes Erlebnis, auch wenn im Hintergrund vieles noch manuell ablief und weit weg von einer durchgängigen Automatisierung war.

Um bei unserem Strandbeispiel zu bleiben, ist unsere Wettervorhersage für die nächste Welle der Digitalisierung die folgende: *„Der Wind frischt auf und auch die Wellen werden größer."* Blockchain als Technologie hat eine gewaltige Kraft und viele traditionelle Unternehmen, insbesondere Intermediäre, könnten von ihrer Wucht überrascht werden. Der Vergleich mit einem Tsunami erscheint bedrohlich, aber zeigt am besten das potenzielle Ausmaß. Blockchain verlangt zudem weitere

und neue Fähigkeiten, d. h., Komplexität und Herangehensweise im Rahmen der digitalen Transformation verändern sich.

Im „Design Thinking Playbook" wurden die vier Herausforderungen, welche auf eine digitale Wirtschaft in einer zweiten Welle wirken, so beschrieben: *„Die prominentesten Herausforderungen sind der Umgang mit der Ungewissheit, die Mehrdimensionalität der Geschäftsmodelle, die Partizipation in Business Ökosystemen und die Skalierung (Wachstum), die notwendig ist, um in diesen Modellen signifikante Umsätze zu erzielen."* (Lewrick, et. al. 2018)

So geht es im Fall Blockchain nicht nur darum, eine neue Technologie zu beherrschen, sondern auch unsere aktuelle Marktrolle, Wertströme und die bestehenden Business Ökosysteme zu überdenken – also ein komplexes System, in dem viele Elemente gestaltet werden müssen.

Diese neuen Systeme und die Veränderung, welche auf der Blockchain-Technologie beruhen, lassen sich am besten an einem Beispiel verdeutlichen. In diesem Zusammenhang werden wir auch einige Begrifflichkeiten aus dem Blockchain-Jargon einführen (Wallet, digitale Assets etc.), die wir im Buch konsequent genutzt haben.

Die Digitale (R)Evolution

Beispiel E-Mobilität – effiziente Transaktionen

Ein aktueller Trend ist die „E-Mobilität" und wir können uns ein Elektroauto vorstellen, das sich induktiv bei jeder Gelegenheit automatisch auflädt. An der Ampel, auf dem Firmenparkplatz oder beim Parken im Shoppingcenter. Ein Auto, das sein eigenes Geld besitzt und das auf der Grundlage eines digitalen Vertrags mit einem Energieversorger oder einem Netzbetreiber unter bestimmten Bedingungen seine Batterie auflädt. Dieses Auto nutzt im besten Fall jede Gelegenheit, sich aufzuladen, und kann sofort mit seinem eigenen „Portemonnaie" diese Mikrotransaktion durchführen. Das Einzige, was wir als Nutzer machen müssen, besteht darin, unsere Präferenzen zu hinterlegen, damit unser Auto weiß, ob wir eher jede Möglichkeit zum Laden nutzen möchten oder z. B. nur zu besonders günstigen Konditionen die Batterie füllen möchten.

Das ganze Konzept und Geschäftsmodell der „Betankung" kann somit komplett automatisiert und zu sehr niedrigen Transaktionskosten durchgeführt werden. In klassischen Modellen mit einer Kreditkartenzahlung würden die Transaktionskosten den zu zahlenden Betrag weit übersteigen.

Solche und andere Systeme können auf einer Blockchain realisiert werden. In Kombination mit kleinen intelligenten Softwareapplikationen (sog. Smart Contracts), einem digitalen Portemonnaie (sog. Wallets) und digitalem Geld (sog. Kryptowährungen) wird ein Vorgang automatisiert.

Erste Proofs of Concept (sog. PoCs) dieser Vision zum Laden und Bezahlen wurden bereits von RWE und der Firma Slock.it auf Basis von Ethereum durchgeführt.

Die Blockchain ist der Startpunkt für ein neues, revolutionäres Internet – ein vertrauenswürdiges Internet der Werte.

Das Beispiel zeigt, dass Blockchain die Möglichkeit bietet, Aufgaben in Form von Smart Contracts an ein geteiltes und hoch verfügbares System zu delegieren. Auf diesen Systemen ist es möglich, Werte wie Geld oder

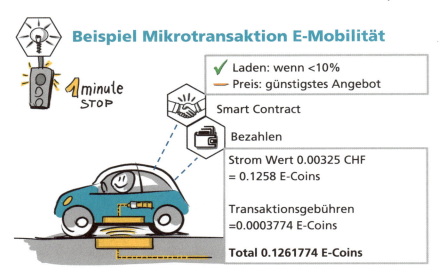

Strom (sog. Digital Assets) sicher und nachvollziehbar zu verwalten. In der uns bekannten (alten) Welt dominierten für solche Vorgänge zentralisierte Systeme, die meist von Intermediären betrieben wurden und z. B. die Abrechnung eines Ladevorgangs übernommen haben. Durch Blockchain beginnt eine Verschiebung der Macht hin zu dezentralisierten Systemen. Und genau hier liegt die Chance: **Wir sind in der Lage, sichere, effiziente und automatisierte Systeme zu gestalten. Viele Blockchain-Start-ups haben diese Möglichkeit erkannt und nutzen die niedrigen Eintrittsbarrieren, um ihre Systeme zu lancieren.**

Diese Disruption von Prozessen, Märkten und ganzen Ökosystemen könnte schon bald in vielen Bereichen spürbar werden – von der Logistik bis hin zur Tourismusbranche sind das alles Kandidaten für eine solche Veränderung. Etablierte Intermediäre und betroffene Unternehmen müssen sich zeitnah entscheiden, ob sie auf dieser Welle der nächsten digitalen Transformation mitreiten, oder ob sie die bestehenden Geschäftsmodelle bis zum Ende melken. Etablierte Unternehmen sollten diese Entwicklung als Chance sehen, sich mit

Die Digitale (R)Evolution

einem veränderten Geschäftsmodell oder einer anderen Marktrolle neu aufzustellen.

In diesem Kapitel wollen wir ein Grundverständnis über Blockchain vermitteln, die verschiedenen Arten erläutern und vor allem aufzeigen, warum Blockchain eine (R)Evolution darstellt.

Was ist eine Blockchain?

Wir wollen nicht zu technisch werden, aber es ist wichtig, zu verstehen, dass ein Blockchain-System aus unveränderbaren Datenstrukturen besteht, die nicht auf einem zentralen Server gespeichert, sondern über ein Netz von dezentralen Rechnern verteilt ist.  Deshalb können die Inhalte nicht von einer einzelnen Person oder Instanz kontrolliert oder manipuliert werden. Das heißt, jeder kann eine Kopie der Blockchain lokal auf seinem Computer abspeichern und somit Teil des Netzwerkes werden. Zudem sind auf einem Blockchain-System Funktionen programmierbar, die es ermöglichen, ein System weitgehend zu automatisieren.

 Vorteile einer Blockchain

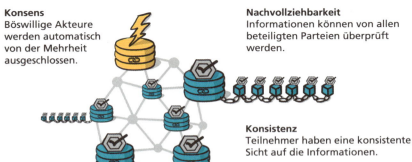

Konsens
Böswillige Akteure werden automatisch von der Mehrheit ausgeschlossen.

Nachvollziehbarkeit
Informationen können von allen beteiligten Parteien überprüft werden.

Konsistenz
Teilnehmer haben eine konsistente Sicht auf die Informationen.

Unveränderbarkeit
Inhalte können nicht nachträglich manipuliert werden.

Die Authentizität und Integrität der Daten in der Blockchain werden durch kryptografische Verfahren, z. B. digitale Signaturen und Verschlüsselungen, gewährleistet. Hiervon kommt der Name KRYPTO – ein Konzept, das wir in Kapitel 2 detailliert beschreiben. Das Ereignisprotokoll für eine Transaktion, z. B. der Transfer von Krypto-Geld von A nach B oder der Eintrag einer Firma ins Handelsregister auf der Blockchain, wird dabei vielen Beteiligten zugänglich, und eine einmal eingegebene Information kann nachträglich nicht verändert werden. Dieses Vorgehen wird auch als einen „Konsens finden" bezeichnet.

> **Der Transfer von Geld ist nur ein Anwendungsfall von vielen – Blockchain als Konzept kann alle Arten von Eigentum (= Digital Assets) übertragen.**

Blockchain hat als Konzept verschiedene Eigenschaften. Die sechs wichtigsten haben wir kurz zusammengefasst.

Die wichtigsten Eigenschaften einer Blockchain:

- ✓ Alle Teilnehmer in einem **System** haben eine gemeinsame und **konsistente Sicht auf die Informationen**.
- ✓ Informationen können **von allen beteiligten Parteien überprüft** und im **Konsens verifiziert werden**.
- ✓ Jeder **Wertgegenstand (sog. Digital Asset)** kann mit einer eindeutigen, **digitalen Identität erfasst** und **identifiziert werden**.
- ✓ Transaktionen können auf ihre **Legitimität überprüft** und vor **Manipulation und Änderung geschützt** werden.
- ✓ Interaktionen können **automatisiert und so programmiert werden,** dass die **vordefinierten Regeln selbstständig ausgeführt** werden.
- ✓ **Blockchain** kann für **verschiedene Anwendungen** genutzt werden.

Die Digitale (R)Evolution

Wer ist die „Mutter" aller Blockchains?

Die Mutter aller Blockchains basiert auf dem Anwendungsfall, Geld in Form einer Kryptowährung zu transferieren. Damit hat es auch begonnen, und zwar im Jahr 2009 mit der Einführung von Bitcoin. Milton Friedman hatte übrigens bereits im Jahr 1999 postuliert, dass es so eine digitale Währung im Internet geben werde. Er hatte die Effizienz einer Peer-to-Peer-Übertragung von Eigentum erkannt. Heute sind wir in der Lage, solche Mechanismen dank Blockchain und Krypto umzusetzen.

Wir möchten der Logik von Milton folgen und auf der Blockchain genau diese Transaktion durchführen: **Geld von A nach B überweisen.**

> Das Einzige, das fehlt, aber bald entwickelt wird, ist ein zuverlässiges E-Cash, eine Methode, mit der man im Internet Geld von A nach B überweisen kann, ohne dass A B oder B A kennt.
> – *Milton Friedman, Nobelpreisträger* (Friedman, 1999)

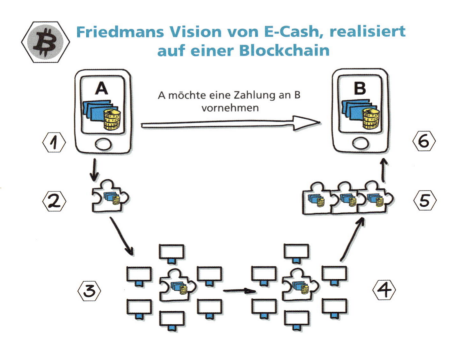

Friedmans Vision von E-Cash, realisiert auf einer Blockchain

A möchte eine Zahlung an B vornehmen

1. Die Transaktion wird von A angestoßen.
2. Ein Block wird mit der Information „Zahlung von A nach B" gebildet.
3. Das dezentrale Netzwerk erhält die Information, dass ein neuer Block initialisiert wurde.
4. Alle Teilnehmer im Netzwerk verifizieren den Block.
5. Der Block wird auf der Blockchain eingereiht.
6. Alle Teilnehmer wissen jetzt, dass B der neue Besitzer von der Geldeinheit ist, die von A gesendet wurde.

Wie es der Name schon sagt, geht es in einer Blockchain darum, Transaktionen in Blöcke zu unterteilen, die von einer Vielzahl von Teilnehmern verifiziert werden.

Die Entwickler-Community hat schnell erkannt, dass die gleichen Prinzipien wie bei Geld auch auf viele andere Arten von digitalisierten Wertgegenständen (sog. Digital Assets) angewendet werden können. Seither wurden viele Blockchain-Anwendungen entwickelt: **von der Ausgabe und Verifizierung von Universitätszertifikaten, der Verfolgung der Herkunft von Diamanten, bis hin zur Herausgabe von Aktien.**

> Die gleiche, neue Technologie, die es erlaubt, Geld zu „drucken", kann zum Beispiel auch zum Herausgeben von Aktien verwendet werden.

Welches Problem löst Blockchain?

Wir alle bewegen uns seit mehr als 20 Jahren im Internet und es hat uns in vielen Lebensbereichen Vorteile gebracht. Neben dem schnellen Zugang zu Informationen – geprägt durch den Satz „Ich bin ja schon drin" – hat es in den vergangenen zwei Jahrzehnten zur „Demokratisierung von Information" geführt. Also die einfache, schnelle und (weitgehend) unzensierte Verbreitung von Informationen. In dieser digitalen Welt ist das Multiplizieren und Verbreiten von Informationen und Dokumenten eine wünschenswerte Eigenschaft: **„Copy and Paste" als Paradigma des Internets.**

Die Digitale (R)Evolution

Bei allem, was uns wertvoll erscheint, wie z. B. Geld, ist diese Eigenschaft jedoch weder wünschenswert noch zweckdienlich. Nehmen wir an, 100 Token einer Kryptowährung sollen von Person A an Person B transferiert werden. Dann muss garantiert werden, dass diese 100 Token nicht auch gleichzeitig an eine Person C transferiert werden.

Diese Logik können wir auch auf andere Eigentumsrechte anwenden, die zukünftig als digitale Assets existieren werden: **Fahrzeugbriefe, Grundbucheintragungen oder Investmentfonds.**

Blockchain hilft bei der Eindeutigkeit und gibt exakt Auskunft, wem nach einem Eigentumstransfer das Fahrzeug, das Haus oder ein Bezugsrecht gehört.

Diese Rechte in Form von digitalen Assets dürfen nur einmal existieren und es wäre nicht vertrauensförderlich, wenn diese kopiert oder multipliziert werden könnten – weder von uns selbst noch von anderen Personen oder Institutionen.

Was gerade beschrieben wurde, war lange Zeit eines der größten Probleme in einer digitalisierten Welt: **Das sogenannte „Double Spending Problem".**

Digitale Assets sollen nicht kopiert oder multipliziert werden.

Kein Double Spending!

Für Jahrzehnte gab es keine elegante Lösung und unser Beispiel von der Übertragung von Kryptogeld von A nach B wurde zur komplexen Herausforderung für die Entwickler-Community. Ziel war es im weitesten Sinne, die „Killer-App" zu bauen, die das Problem des Double Spendings ohne einen vertrauenswürdigen Intermediär (z. B. einer Bank) löst. Die These war: **Wenn das Problem des Double Spending für Geld zu lösen ist, dann kann die Lösung auch auf viele andere digitale Assets angewandt werden.**

Für eine potenzielle Lösung spielte Kryptografie eine zentrale Rolle, die es ermöglicht, Sicherheit und Integrität von elektronischen Datensätzen zu gewährleisten. So fesselte und faszinierte es eine ganze Generation an „Kryptologen", diese Herausforderung zu lösen.

Nach vielen gescheiterten Versuchen (z. B. DigiCash) kam der Durchbruch mit Bitcoin. Das Double Spending-Problem wurde mit einer dezentralen Architektur gelöst. So brauchte es beispielsweise für eine Bitcoin-Transaktion keine zentrale Institution, um zu gewährleisten, dass das Geld nur einmal übertragen wird. Dieser Durchbruch war der Startschuss für eine digitale (R)Evolution, in der ein öffentliches Hauptbuch für alle Transaktionen diente.

Die erste Blockchain wurde 2008 von einer anonymen Person namens Satoshi Nakamoto konzipiert und 2009 als Kernkomponente von Bitcoin implementiert.

Blockchain gibt uns also die Möglichkeit, ohne Intermediäre eine sichere Transaktion durchzuführen. Aber Intermediäre haben auch noch andere Aufgaben, die durch Blockchain abgelöst werden können.

Welche Aufgaben haben Intermediäre?

Intermediäre sind heute überall anzutreffen. Einige, wie beispielsweise Banken, gibt es schon eine halbe Ewigkeit. Im zweiten Jahrhundert v. Chr. wurde bereits begonnen, Verrechnungen von Forderungen, die Kontenführung für Einlagen, Schecks und Wechsel abzubilden. Geldtransaktionen wurden bargeldlos durch Überschreibungen von einem Konto zum anderen durchgeführt und der Intermediär lebte von der Transaktionsgebühr.

Die Digitale (R)Evolution

Intermediäre gibt es aber nicht nur im Bereich der Finanztransaktionen. Heute gibt es eine Vielzahl von Intermediären im Internet und im digitalen Austausch von Daten. Auch dort waren sie bislang unabdingbar, da das Internet bisher keine sicheren Peer-to-Peer-Transaktionen zuließ. Zudem hatten wir viele Systeme mit unterschiedlichen Datenformaten. Intermediäre hatten in vielen Fällen die Aufgabe, eine Vereinheitlichung durchzuführen.

Manche Intermediäre sind für uns sehr offensichtlich, spätestens wenn wir die Gebühren für eine Auslandsüberweisung bei einer Bank bezahlen, wird uns klar, wovon diese und die Clearing-Häuser leben. Neben Streaming-Anbietern, Kreditkartengesellschaften und Portalen für Paulschalreisen gibt es unzählige Intermediäre, die im Verborgenen agieren und zusätzliche Kosten verursachen. Am Ende haben wir keine Transparenz über deren Gebühren. Diese sind Teil eines Gesamtpreises einer Dienstleistung oder eines Produkts. Ihre Rollen sind unterschiedlich, aber am Ende des Tages erledigt jeder Intermediär eine Art Koordinations- oder Kontrollaufgabe.

Weitere Aufgaben von Intermediären sind z. B.,

- einen **Benutzer** zu **identifizieren,**
- zu prüfen, **wer was besitzt** und **transferieren kann,**
- die **Bücher** über die **vorhandenen Besitzverhältnisse** und **Zu- und Abgänge zu führen oder auch**
- die **Durchführung einer Abrechnung** zwischen zwei Parteien zu gewährleisten.

Der Intermediär sorgt somit für die Einhaltung der Verhaltensregeln und genießt deshalb eine gewisse Vertrauenswürdigkeit.

Leider gab es auch Fälle, in denen Intermediäre im letzten Jahrzehnt diese Vertrauenswürdigkeit auf die Probe stellten. Viele von uns können sich noch gut an die Finanzkrise von 2008 erinnern, besonders an das Statement, dass viele Banken nicht in Konkurs gehen dürfen, da sie systemrelevant sind. Was nichts anderes heißt, als dass diese Intermediäre so viel Einfluss hatten und ihre Kreditvergabe so wichtig war, dass unsere Realwirtschaft zusammenbrechen würde, wenn sie nicht mehr existierten.

Aber „too big to fail" einmal außer Acht gelassen, hat ein System mit vielen Intermediären noch andere Einschränkungen:

- **Verzögerung bei der Bearbeitung von Informationen:**
  Bei vielen Transaktionen sind gleich mehrere Intermediäre involviert. Dies führt zu einer künstlichen Verzögerung in der Bearbeitung von Transaktionen. Daraus entstehen kumulierte Ineffizienzen, die am Ende der Kunde bezahlt.
- **Transaktionskosten als Kostentreiber:**
  Zudem erhebt jeder Intermediär Transaktionsgebühren oder erwirtschaftet seinen Gewinn durch ein entsprechendes Pay-per-Use- oder Pauschalmodell. So ergeben sich in den meisten Branchen kumulierte Transaktionsgebühren zwischen 10 % und 30 %. Das heißt beispielsweise, dass eine Pauschalreise, die für 1000 Euro angeboten wird, mit bis zu 300 Euro an Gebühren von Intermediären belastet ist. Verlierer in diesem Beispiel sind die Kunden und Hotelbesitzer.
- **Sammlung von Daten:**
  Intermediäre fungieren als große Datendrehscheiben. Diese Daten haben einen Wert und zudem sind manche Informationen für Hacker von Interesse. Somit ist nicht ausgeschlossen, dass mit diesen Daten Missbrauch betrieben wird oder sie an Dritte veräußert werden.

Die These ist, dass ohne Intermediäre alles effizienter sei. Eine Transaktionsgebühr von 2 % erscheint als marginal, aber in einer zehnstufigen Lieferkette ergibt sich ein stattlicher Betrag.

Durch neue, dezentrale Systeme und Blockchain-Technologie lassen sich Ineffizienzen beheben. Der klassische Intermediär verliert seine Aufgabe.

Der Wegfall von Intermediären wird einen Einfluss auf unsere Wertströme, Marktrollen und potenzielle Geschäfts-

Die Digitale (R)Evolution 27

modelle haben. Deshalb sprechen wir in diesem Zusammenhang auch von den neuen Ökosystemen, die entsprechend gestaltet werden müssen. Diese werden in Kapitel 3 näher betrachtet.

Wie kann Blockchain die Rolle der Intermediäre übernehmen?

Wir möchten das „Wie" an einem Beispiel verdeutlichen, und zwar im Vergleich zum klassischen Internet mit seinen heutigen Kommunikationswegen im Austausch von Informationen und Daten. Von dort aus schlagen wir dann die Brücke zur Blockchain-Methodologie.

Beispiel: Das Internet

Bislang basierte die Kommunikation zwischen Unternehmen und Nutzern auf einfachen Kommunikationsprotokollen. Informationen und Daten wurden von wenigen großen Intermediären kontrolliert.

 Das Internet ist geprägt von mächtigen Intermediären und einem dünnen Protokoll.

Heute haben wir uns aus diesem Grund von ganzen Systemen, zentralen Institutionen und Intermediären abhängig gemacht. Sie kontrollieren die Wertflüsse und bestimmen, wer am System teilnehmen darf (durch die sog. Identifizierung und Autorisierung). Diese Struktur entspricht einem traditionellen Denkansatz mit Fokus auf einem zentralisierten Netzwerk.

Der Fokus liegt auf zentralisierten Business Netzwerken.

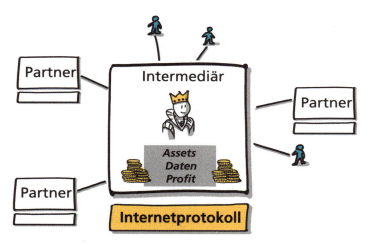

Wie wir bereits einführend erfahren haben, bietet Blockchain die Möglichkeit, Koordinations- und Kontrollaufgaben in Form eines Softwareprotokolls an eine gemeinsame geteilte Infrastruktur zu delegieren, also an ein dezentrales Netzwerk. Digitale Assets sind dann eindeutig dezentral erfasst und integraler Bestandteil eines Systems. Dieses basiert nicht wie zuvor auf einer einfachen Kommunikation, sondern auf Grundlage einer werttragenden Kommunikation. Das heißt, einzelne Teilnehmer im System können in diesem Kommunikationssystem ihre Wertschöpfung aufbauen.

Die Digitale (R)Evolution

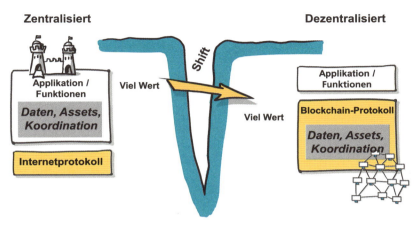

Diese neuen Softwareprotokolle haben aber noch weitere Möglichkeiten. In ihnen können Regelwerke und Verträge als Software verankert werden (mittels sog. Smart Contracts). Durch diese intelligenten Verträge lassen sich Interaktionen und der damit verbundene Koordinationsaufwand weitgehend automatisieren. Ebenfalls wird der Kontrollmechanismus durch die Anwendung von Kryptografie auf der Blockchain durchgeführt. Hier entsteht eine weitere (R)Evolution: **Blockchain ermöglicht eine Verschiebung der Machtverhältnisse im Markt.**

==Auseinandersetzungen in Bezug auf die Protokollierung und Reihenfolge von Ereignissen können auf der Blockchain durch Konsens-Algorithmen vermieden werden.==

Die Eintrittsbarrieren in ein System werden für neue Marktteilnehmer gesenkt und die Wertschöpfung erfährt eine Neuverteilung. Im Idealfall führt dies dazu, dass der Gesamtnutzen im Ökosystem steigt, die Macht der Intermediäre schwindet und Daten sowie Informationen dezentralisiert verwaltet werden. Das ist zumindest die Erwartung an viele neue Ökosysteme, die aktuell gestaltet und realisiert werden.

Dies lässt sich am Beispiel einer Blockchain-Applikation für Diamanten darstellen. Jeder Diamant ist als Asset im „Diamantenprotokoll" erfasst und eindeutig identifiziert. Jeder Besitzerwechsel sowie die Herkunft des Diamanten wird protokolliert. Nun kann beispielsweise ein Auktionshaus lückenlos die Historie eines jeden Diamanten nachvollziehen und somit den potenziellen Käufern die Gewissheit geben, dass der begehrte Stein aus verlässlichen Quellen stammt. Die gleiche Information kann außerdem auch Versicherungen oder der Polizei zur Verfügung gestellt werden.

 Dezentrale Applikationen, verbunden durch ein gemeinsames Blockchain-Protokoll

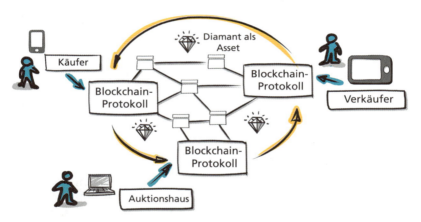

Ein effizientes Ökosystem skaliert i. d. R. erst über die Anzahl der Akteure und Nutzer. So besteht die Vision, Blockchain-Applikationen für ganze Branchen erfolgreich zu etablieren. **Diese Idee wird im Rahmen von „BaaS" häufig diskutiert.**

Die Digitale (R)Evolution

Was verbirgt sich hinter BaaS?

BaaS steht für *Blockchain as a Service* und dient z. B. als Grundlage für ein effizientes System einer Branche. Es hat das Ziel, Business Ökosysteme zu gestalten, die weite Akzeptanz für einen bestimmten Anwendungsfall haben: **also die konsequente Umsetzung eines Standards oder die Eliminierung von Intermediären im System. Dadurch kann eine asymmetrische Verteilung von Informationen durchbrochen werden.**

Ein einfaches Beispiel ist die Medienbranche. BaaS stellt in einem solchen Szenario die Plattform für Publikationen, Kunst, Musik oder Bewegtbilder dar, um eine gerechte Ökonomie zwischen den Content-Produzenten und -Konsumenten herzustellen.

Anwendungsfälle von BaaS sind im Bereich der Zollabwicklung, zur Speicherung von Patientendaten bis hin zur Verwaltung von Intellectual Property (IP) vorstellbar.

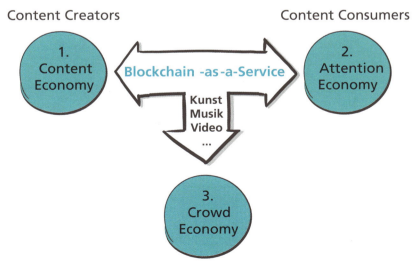

Blockchain-as-a-Service für die Medienbranche

Content Creators — Content Consumers

1. Content Economy
2. Attention Economy
3. Crowd Economy

Blockchain -as-a-Service

Kunst
Musik
Video
…

Wie funktioniert eine Blockchain für eine Branche?

Blockchain in Kombination mit Smart Contracts (welche in Kapitel 4 ausführlich erklärt werden) erlaubt, die Grundregeln, Prinzipien und Gesetzmäßigkeiten eines Anwendungsfalles oder einer ganzen Branche in ein softwarebasiertes, verteiltes System zu integrieren. Durch offene Schnittstellen (sog. APIs) kann jeder Teilnehmer zusätzlich spezifische Funktionen und Applikationen bauen.

In der Medienbranche könnte so ein Marktplatz entstehen, der die Vermittlung, Vermarktung und Monetarisierung von Content abdeckt. Darauf aufbauend könnten verschiedene Anwendungen für den Nutzer realisiert werden, wie z. B. ein Crowdfunding für die Produktion von Content. Der Vorteil eines solchen Systems ist die Kontrolle, die der Urheber über seine eigenen Inhalte behält. Er entscheidet selbst, wie und wann diese kommerzialisiert werden.

 Beispiel von Blockchain als System in der Medienbranche

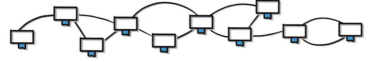

Die Digitale (R)Evolution

Der Begriff „Plattform" nimmt in solchen Systemen eine ganz neue und viel breitere Bedeutung ein. Die traditionelle Sicht, in der Unternehmen eine zentrale Plattform etablieren und diese ihren Kunden und Partnern gegen eine Gebühr zur Verfügung stellen, hat ausgedient. Das neue Paradigma basiert auf dem Mindset von Dezentralisierung, Transparenz und Einfachheit. Diese Systeme agieren als Gemeinschaft, in der sich Teilnehmer an die gleichen Grundfunktionen und Verhaltensregeln halten (z. B. Bezahlung mit einem definierten Token für eine Leistung).

Die Wertschöpfung und der Gewinn werden zum Zeitpunkt der Entstehung realisiert. Etwaige Transaktions- oder Nutzungsgebühren verteilen sich meist fair nach dem Verursacherprinzip.

> **Die Blockchain ist eine „Gemeinschaft" mit definierten Regeln und Verhaltensweisen.**

In unserem Beispiel würde das heißen, dass der Künstler das Geld direkt von seinen Fans erhält (ohne Intermediäre).

Wir können uns auf diese Weise den Aufbau von solchen Plattformen in mehreren Branchen vorstellen. Die

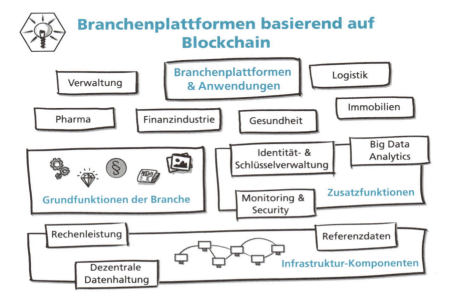

Branchenplattformen basierend auf Blockchain

Grundfunktionen einer Branche werden durch andere wichtige Hilfsfunktionen, wie Identität oder Security, ergänzt. Die große Vision ist, dass durch die Vernetzung der verschiedenen Protokolle eine Interoperabilität zwischen den einzelnen Branchenapplikationen möglich wird.

Die neuen Systeme erlauben zudem die Realisierung von einem Konzept, das oft angedacht, aber nie so realisiert wurde: **der Schritt, in dem Konsumenten wieder zu Produzenten werden.**

Wie Blockchain Konsumenten zu Produzenten macht

Der Begriff *Prosumer* wurde im Energiemarkt geprägt. Der Besitzer eines Einfamilienhauses mit einer entsprechenden Solaranlage auf seinem Dach fungiert an sonnigen Tagen als Produzent, weil er zusätzlich Strom ins Netz speist. An anderen Tagen ist er Konsument, weil seine Anlage nicht genügend Strom erzeugt.

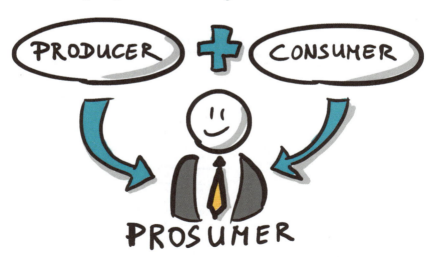

Die Digitale (R)Evolution 35

Ein Prosumer ist also ein Mix aus „Producer" und „Consumer" und somit nicht nur Konsument, sondern auch ein aktiver Teil der Produktion. Soweit nichts Neues, würde Blockchain es nicht ermöglichen, alle Erzeugnisse und Dienstleistungen zu digitalen Assets zu machen (z. B. eine Kilowattstunde Strom). Somit kann jedermann seine eigenen digitalisierten Assets dem Ökosystem zur Verfügung stellen. Je digitalisierter ein System ist, desto einfacher ist es, an einem Wertefluss aktiv zu partizipieren.

Die Wertschöpfung verschiebt sich von der traditionellen Aufteilung in Produzent und Konsument hin zu einem Kreislauf von Peer-to-Peer-Transaktionen.

Im Falle der Stromerzeugung via Photovoltaik entsteht ein direkter Wertstrom von Prosumer zu Prosumer – ein System, das aufgrund der Kosten pro Transaktion und umständlicher Abrechnungsverfahren in der Vergangenheit als ökonomischer Humbug angesehen wurde.

Somit entsteht die Möglichkeit, dass Konsumenten auf einfache Weise mit ihren digitalisierten Assets Geld verdienen. Aus diesen Mechanismen und Überlegungen entstehen aktuell viele neue Crowdsourcing-Systeme.

Shift von Firmen zu Konsumenten als Produzenten

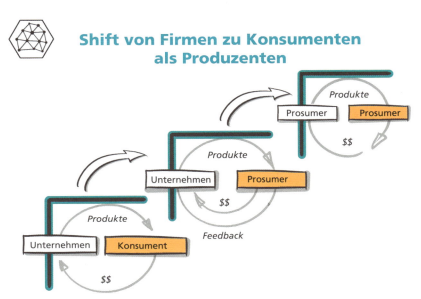

Das Beispiel vom Prosumer mit seiner Solaranlage zeigt Systeme, die Blockchain-Projekte wie Brooklyn Microgrid und NEMoGrid realisieren möchten.

Jeder Haushalt kann seine Überproduktion ins Netz zurückspeisen oder bestimmten Abnehmern, z. B. in der Nachbarschaft, Strom vom Voraus verkaufen. So entstehen neue Wertströme im Gegensatz zu konventionellen Modellen.

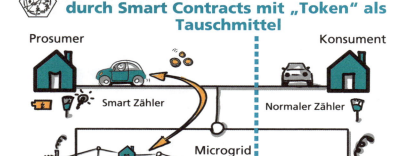

Peer-to-Peer-Strommarkt, automatisiert durch Smart Contracts mit „Token" als Tauschmittel

In der Regel kommt bei solchen Beispielen sofort die Frage auf, **warum es hierfür eine Blockchain brauche.**

In der bestehenden Infrastruktur, angefangen bei Smart Meter und Microgrids, bis hin zur leistungsstarken IT, bleibt alles beim Alten. Blockchain hilft aber auf andere Weise. Als Schlüsseltechnologie ist Blockchain die nützliche Ergänzung, um die Wertflüsse zu steuern, zu kontrollieren und abzurechnen. Dies ist zwar ebenfalls in einem zentralen System vorstellbar, aber keineswegs so effizient.

Die Digitale (R)Evolution

Auf einer Blockchain können:

- Die **Spielregeln** auf der Stufe **Infrastruktur/ Protokoll vordefiniert** werden. Sie sind **allen Teilnehmern bekannt** und von ihnen **akzeptiert**.
- **Wertflüsse** (inkl. Finanzströme) im Voraus **geregelt werden** (z. B. durch Vorauszahlung oder „Escrow"-Systeme).
- **Token „programmiert"** und an einen **Zweck gebunden** werden.
- Wertflüsse voll **digital und automatisiert** abgewickelt werden. Durch **intelligente Algorithmen** wird zusätzlich die **Preisgestaltung** (Market Design) geregelt und feingranular gesteuert, was tendenziell zu **tieferen und nutzungsgerechteren Preisen** führt.
- Die **Abrechnungen der Transaktionen** zwischen Käufer und Verkäufer **automatisiert** und mit einer Kryptowährung durchgeführt werden.

Welche Arten von Blockchains gibt es?

Es gibt unterschiedliche Implementierungen von Blockchain-Konzepten, grundsätzlich aber zwei Arten. Die Auswahl der richtigen Blockchain für einen Anwendungsfall richtet sich nach den Bedürfnissen des Ökosystems und dem Teilnehmerkreis.

Public Blockchain

Jeder kann uneingeschränkt eine Public Blockchain nutzen (daher der Begriff „permissionless"). Die bekanntesten Public Chains sind Bitcoin und Ethereum. Die einzige Voraussetzung ist, dass wir die entsprechende Software installieren.

Private Blockchain

Der Zugang zu dieser Blockchain ist nur möglich, wenn man eine Einladung vom Betreiber erhält. Diese Systeme werden typischerweise durch eine geschlossene Gemeinschaft von Teilnehmern, meist für spezifische Anwendungen, entwickelt und betrieben.

Private vs. Public Blockchain

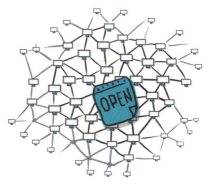

- Zugang „auf Einladung"
- Innerhalb von Firmen oder Konsortien
- Identifizierte Teilnehmer
- Entspricht dem Gedankengut eines Firmennetzwerks („Intranet")

- Zugang ist offen für alle
- Peer-to-Peer
- Anonym (bzw. pseudonym)
- Entspricht der Idee des offenen Internets

In Bezug auf den Anwendungsfall ist zu beobachten, dass z. B. Banken und Versicherungen für ihre Implementierungen meist „Private Blockchains" nutzen, insbesondere dann, wenn interne Transaktionen und Kundendaten einen besonderen Schutz benötigen. Viele andere Anwendungen werden auf Public Blockchains realisiert oder, falls diese Blockchains nicht den Wünschen entsprechen, komplett neu entwickelt.

==Oftmals ist für die Wahl der Blockchain entscheidend, ob und welche Parteien im System vertrauenswürdig sind.==

Eine andere Unterscheidung besteht in der Methodik, wie der „Konsensus" gefunden wird. Auf einer privaten Block-

Die Digitale (R)Evolution

chain ist das meist kein Thema, weil die Teilnehmer im System bekannt sind. Hier kommen traditionelle Konsensverfahren wie z. B. PBFT (Practical Byzantine Fault Tolerance) zum Einsatz.

Problematischer ist die Situation auf Public Blockchains, auf denen sich die Beteiligten nicht kennen. In solchen Systemen gibt es Anreizsysteme, um sicherzustellen, dass sich alle korrekt verhalten und dass nur gültige Transaktionen im System akzeptiert werden. Es gibt hierfür zwei gängige Verfahren: **Proof-of-Work (PoW) und Proof-of-Stake (PoS).**

Was ist der Unterschied zwischen PoW und PoS?

Wie schon erwähnt, steht eine Public Blockchain jedem zur Verfügung. Deshalb braucht es eine Art Überwachungsmechanismus, der garantiert, dass keine ungültigen Transaktionen im System landen, wie z. B. modifizierte Daten.

Im Fall Bitcoin wäre das z. B. eine Transaktion, die versucht, das gleiche Geld zweimal von A nach B zu transferieren.

Proof-of-Work und Proof-of-Stake sind zwei ökonomische Anreizsysteme, sich auf einer Blockchain korrekt zu verhalten.

Teilnehmer, die versuchen, das System zu hintergehen, werden bestraft – und die „Guten" werden belohnt. Proof-of-Work (PoW) und Proof-of-Stake (PoS) lassen sich, wie in der Illustration dargestellt, in vier Ausprägungen unterscheiden: **Einsatz, Belohnung, Anreiz und Energieverbrauch.**

Proof-of-Work ist im Gegensatz zu Proof-of-Stake nicht sehr energieeffizient, da die milliardenfache Ausführung von Rechenoperationen sehr viel Rechenpower (= Energie) verbraucht. Eine Tatsache, die dazu geführt hat, dass einige Staaten das Mining von Bitcoin limitiert haben.

Proof-of Work versus Proof-of-Stake

 **Einsatz**

Die Belohnung ist abhängig von der Lösung einer komplexen Rechenaufgabe.

Jeder Teilnehmer hinterlegt eine Garantie für sein korrektes Verhalten.

 **Belohnung**

Die fixe Belohnung geht an den ersten Miner, der die Aufgabe löst.

Die Belohnung ist proportional zur hinterlegten Garantie.

 vs. **Anreiz**

Miners stehen in Wettbewerb.

Die Teilnehmer haben ein gemeinsames Interesse.

 Energie-verbrauch

Energieineffizient

Energieeffizient

Welche Blockchain eignet sich wofür?

Bei jedem Vorhaben ist zu evaluieren, ob eine bestehende Blockchain-Technologie

Die Digitale (R)Evolution

oder -Plattform (z. B. Neo oder Ethereum) die benötigten Fähigkeiten besitzt oder ob eine neue Blockchain (sprich: Technologie) notwendig ist: **bestehende Blockchain vs. Entwicklung einer neuen Blockchain.**

- **Nutzung einer bestehenden Blockchain**
  Für die Realisierung einer Blockchain-Applikation wird die Programmierbarkeit einer bestehenden Blockchain oder Kryptowährung genutzt. Am weitesten verbreitet sind Anwendungen auf der Ethereum-Plattform. Andere Firmen, wie z. B. RSK, bauen programmierbare Plattformen auf Basis der Bitcoin-Blockchain auf.
- **Bau einer komplett neuen Blockchain-Infrastruktur**
  In diesem Fall wird eine komplett neue Blockchain-Infrastruktur aufgebaut, die spezifisch für den Anwendungsfall entwickelt wird. Diesen Weg gehen heute einige Projekte, da die bestehenden Blockchain-Lösungen nicht alle Anforderungen erfüllen. Beispiele dafür sind Z-Cash oder VeChain.

In naher Zukunft wird es genügend bestehende Blockchain-Plattformen geben, die alle Anwendungsfälle abdecken. Wie in der Grafik auszugweise dargestellt, gibt es schon heute unzählige Blockchain-Plattformen.

Bsp. „Private & Public Blockchain Platforms"

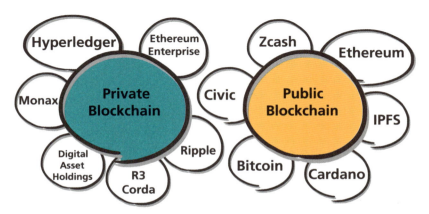

Wer initiiert diese verteilten Systeme?

In den letzten Jahren waren es Open Source Communities, Blockchain-Start-ups, Konsortien und Unternehmen, welche die Rolle des Initiators übernommen haben. Die Blockchain-Community spricht hier auch oft von **Protokoll-Entwicklern**.

- **Open Source Communities**
Bitcoin als System wurde z. B. von einer Open Source Community initialisiert, wie auch Derivate von Bitcoin, die von solchen Communities entwickelt und weitergeführt wurden. Die Entscheidungen über Strategie und Weiterentwicklung wird in offenen Diskussionen besprochen und gefällt.
- **Blockchain-Start-ups**
Es handelt sich meist um sehr ambitionierte Projekte, die den Status quo verändern möchten und versuchen, disruptiv in bestehende oder neue Märkte vorzudringen. Sie haben den Vorteil, ihre Prozesse, Wertströme und potenziellen Teilnehmer im System selbst bestimmen zu können. Start-ups in dieser Gruppe sind z. B. GridSingularity, Etherisc oder Melonport.
- **Konsortien/Genossenschaften**
Etablierte Firmen schließen sich in Konsortien zusammen – mit dem Ziel, ein neues Protokoll für ihre Branche zu entwickeln. Dieses steht anschließend als Standard zur Verfügung. Auf diese Weise transformieren sich traditionelle Unternehmen in Akteure von dezentralisierten Systemen. Die bekanntesten sind z. B. B3i und R3.
- **Firmenintern**
Letztlich ist es auch denkbar, dass die gleichen Prinzipien und Strukturen für ein Großunternehmen anwendbar sind. Ein Firmenkonglomerat kann so beispielsweise die internen Prozesse effizienter und transparenter gestalten. Die Allianz Versicherung hat ein weltweites Captive-Versicherungsprogramm getestet, das den Geldtransfer zwischen den Ländern umfasst und die Vertragsverlängerungen beschleunigt.

Die Digitale (R)Evolution

Die Initiatoren von verteilten Systemen

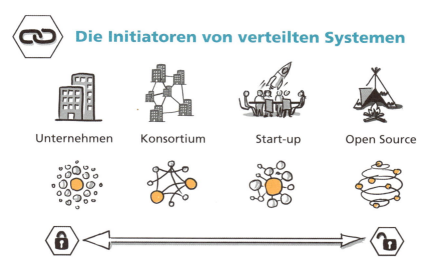

Der Hauptunterschied zwischen den jeweiligen Gruppierungen liegt in deren Governance-Modellen und den dahinterliegenden Geschäftsmodellen. Bei den meisten Open-Source-Initiativen steht die Weiterentwicklung einer Technologie oder sogar die pure Überzeugung, ein besseres System zu bauen, im Vordergrund. Kommerzielle Ziele sind meist zweitrangig. Viele Start-ups haben naturgemäß das Ziel, mit ihrer Blockchain-Applikation oder den erweiterten Geschäftsmodellen mittel- bis langfristig Geld zu verdienen. Bei den Firmenkonsortien steht die Entwicklung von Wachstum im Vordergrund. Themen wie Effizienz, Optimierung und Erschließung neuer Märkte sind die Treiber dieser Aktivitäten.

Wie finanzieren sich solche Systeme?

Blockchain-Lösungen und -Applikationen refinanzieren sich durch die Wertflüsse im Business Ökosystem. Die bekannten transaktionsbasierten Modelle reichen oft nicht aus oder haben ausgedient, sodass neue Geschäftsmodelle erschlossen werden müssen, die sich aufgrund der Auto-

matisierung realisieren lassen. Dies können zum Beispiel Zusatzleistungen in Form von Mikroversicherungen oder die sichere Abtretung von Forderungen sein. Andere Modelle basieren auf Nutzungsrechten oder auf dem Prinzip von „Mining" (Bitcoin). Aus diesem Grund wird bei jedem Blockchain-Vorhaben das Design des Business Ökosystems und dessen Wertströme (z. B. Austausch von Geld, Dienstleistungen, Token, Kryptowährungen oder digitalen Assets) zu einer wichtigen Anforderung.

Funktionierende Business Ökosysteme sind so gestaltet, dass alle Akteure von den Wertflüssen profitieren.

In Kapitel 3 gehen wir ausführlich auf die Gestaltung von Business Ökosystemen ein, da es im Blockchain-Kosmos zu einer der zentralen Fähigkeiten geworden ist. Token-basierte Modelle werden in Kapitel 4 erklärt.

Wie groß das Interesse an den neuen Systemen ist und wie unterschiedlich die Herangehensweisen sind, zeigen die zwei Interviews mit dem Start-up Etherisc (offene Plattform) und dem Konsortium B3i (geschlossenes System).

Interview mit Etherisc

Disruption der Versicherungsbranche

„Wenn man einmal weiß, was eine Blockchain ist, kann man nachts nicht mehr schlafen."

Stephan Karpischek, Mitgründer von Etherisc

Etherisc ist eines der Startups im Krypto-Valley, die eine Revolution einläuten möchten. Unter dem Motto *„Be your own insurance"* hat sich das Team von Etherisc nicht weniger vorgenommen, als die Versicherungsbranche zu revolutionieren.

Das heutige Geschäft von einer Versicherung ist nichts anderes, als ein Versprechen, dass ein Versicherungsunternehmen, mit dem wir einen Vertrag unterschreiben, im Schadensfall Geld ausbezahlt. Wir vertrauen also diesem Versprechen, wenn sich ein Orkan ankündigt und potentiell unser Hausdach in Gefahr ist.

Die Digitale (R)Evolution

Damit dieses System funktioniert gibt es eine Aufsicht, die darauf achtet, dass Versicherungen nicht in Konkurs gehen und im Schadensfall wirklich eine Zahlung erfolgt. Der Rahmen besteht aus den zugrundeliegenden Gesetzen und unzähligen Versicherungsbedingungen, die die Ansprüche regeln. Zudem gibt es innerhalb einer Versicherung eine Heerschar an Mitarbeitern, die die einzelnen Bearbeitungsschritte, von der Antragsbearbeitung, ob jemand versichert wird, bis hin zur Schadensbearbeitung, ob jemand Geld erhält, durchführen. Versicherungen basieren also auf Vertrauen und auf standardisierten Prozessen. Leider sind diese höchst ineffizient und teuer und wer schon mal einen Schadensfall hatte, kennt den Kampf, um an sein Geld zu kommen.

Etherisc will alles besser machen und eine Plattform für dezentrale Versicherungen etablieren, auf der große und kleine Unternehmen, gemeinnützige Gruppen und Versicherungsunternehmen sich zusammenschließen können, um bessere Produkte und Dienstleistungen anzubieten. Mit Hilfe der Blockchain-Technologie will Etherisc ermöglichen, den An- und Verkauf von Versicherungen effizienter zu gestalten, die Betriebskosten zu senken, und die Transparenz in der Branche zu erhöhen. Der Zugang zum (Rück-)Versicherungsgeschäft soll damit demokratisiert werden.

Welche Vision hat Etherisc?

Stephan Karpischek und sein Team sind der festen Überzeugung, dass Versicherungslösungen oder, besser gesagt, Risiko-Pooling-Lösungen die Zukunft gehört, die dezentral auf einer Blockchain laufen. Also ein System, das nicht unter Kontrolle von einem zentralen Intermediär ist und die anderen Akteure mit höheren Kosten belastet.

Etherisc entwickelt Bausteine für Versicherungen um faire, transparente, und individualisierte Versicherungsprodukte anzubieten. Zentrales Element ist die sog. Provable Fairness, was nichts anderes bedeutet, als dass der Versicherte sicher sein muss, dass seine Schäden im Schadensfall gedeckt sind und bezahlt werden. Heute muss sich der Versicherte dies via Schadensmeldung quasi „erstreiten". Dies liegt daran, dass heute ein Interessenskonflikt zwischen der Versicherung und dem Versicherten besteht: **der Versicherte will den Schaden behoben haben und die Versicherung möglichst wenige Zahlungen vornehmen.**

Die Etherisc Plattform setzt genau hier an, mit der Mission, viele Versicherer (grosse und kleine) auf eine gemeinsame Standardplattform zu bringen: **Peer-to-Peer by Default.**

Token sichern die wirtschaftliche Stabilität der Plattform

Das Protokoll wird als Open Source zur Verfügung stehen. So rechnet Etherisc mit einer höheren Akzeptanz in der Branche resp. Community.

Warum setzt Etherisc auf Blockchain?

Stefan Karpischeks Antwort hierauf ist kurz und prägnant: „Wie sonst?" Er erklärt, dass ein zentrales System fehleranfällig ist. Heute sind „single point of failure" und „single point of corruption" zwangsläufig an der Tagesordnung. Das Ziel von Etherisc ist es, wie Stefan Karpischek es formuliert: „collusion resistance" zu garantieren. Solch eine Garantie kann nur ein dezentrales System bieten. Die Blockchain übernimmt also die Koordination- und Kontrollfunktionen. Es braucht keinen Intermediär mehr, der als „Garant" für die korrekte Durchführung geradesteht.

Blockchain bietet beweisbare Transparenz und Überprüfbarkeit. Zudem ermöglicht Blockchain eine „ex ante" Regulierung in Form von Smart Contracts. Das heisst, dass wir im vornherein wissen, dass die Spielregeln im Schadensfall garantiert eingehalten werden.

Wie sieht das Ökosystem von Etherisc aus?

Die Plattform von Etherisc soll zukünftig von vielen unabhängigen Akteuren genutzt werden: **Aktuare, Distributoren, Broker, Datenprovider, Produktanbieter, Lizenzhalter, usw.**

Ein Versicherungsprodukt entsteht durch die Zusammenarbeit dieser Akteure auf unserer Plattform. Heute übernimmt diese Koordinationsrolle ein Versicherungsunternehmen. Die ganze Wertschöpfung kann aber viel effizienter auf einer Blockchain abgebildet werden. Hierbei werden die Interessen der Akteure mit einem Token hinterlegt, der die Anreize steuert. Der Token dient der Incentivierung der Teilnehmer, um miteinander Produkte zu lancieren. Die einbezahlten Prämien einer Police werden so z. B. anteilsmäßig an die Teilnehmer eines Produktes verteilt.

Wie funktioniert der Etherisc Token? Was bekommt der Besitzer eines Tokens als Gegenleistung?

Etherisc hat zwei Token definiert.

Das **Decentralized Insurance Protocol (kurz DIP)** ist ein Nutzungstoken für die Plattform und dient zugleich als Mittel, um die Anreize der Akteure zu steuern. Stephan Karpischek beschreibt den Token als *„den Klebstoff der die Akteure zusammenhält"*. Das DIP erzeugt einen durch die Token Economics gesteuerten Netzwerkeffekt. Es gibt ein starkes Interesse für viele Akteure mitzumachen, weil jeder einen klaren Vorteil hat.

Der zweite Token von Etherisc nennt sich **Risk-Pool Token**. Dieser dient als Investitionsinstrument, also als Anlage-Token. Er kann bspw. für sogenannte Insurance-Linked Securities (ILS) genutzt werden, die es ermöglichen, Risiken dezentral zu finanzieren.

Stephan Karpischek möchte es langfristig ermöglichen, dass sich jeder als Investor an Risiken beteiligen kann und dafür eine Entschädigung (Zins) für das eingesetzte Kapital erhält.

Jedoch gibt es aktuell noch eine Hürde, weil diese Art von Investition nur an qualifizierte Investoren verkauft werden darf. Es bleibt zu hoffen, dass sich die Regulation hier öffnet. In einigen Ländern wie z. B. Malta ist bereits Bewegung ins System gekommen.

Wie wird Etherisc finanziert?

Die Herausgabe der DIP Tokens stellt die Finanzierung der Entwicklung des Protokolls sicher. Die Investoren bekommen dann die entsprechenden Nutzungsrechte. Die Steuerung dieser Entwicklung übernimmt eine Stiftung nach Schweizer Recht.

Etherisc möchte keinen Gewinn aus dem Protokoll abschöpfen, wie es viele Plattformen in Form von Transaktionsgebühren planen. Primäres Ziel ist es, eine hohe Adoptionsrate zu erreichen. Sobald das Protokoll und die Plattform operativ sind, möchte Etherisc mit verschiedenen Produkten sich auf ihrer eigenen Plattform refinanzieren: **Etherisc wird de-facto selber Teil des Ökosystems und ein Marktplayer.**

Interview mit dem B3i Konsortium

Konsortium als Initiator eines Business Ökosystems

„Technologie ist nur ein Mittel zum Zweck. Echter Fortschritt entsteht erst wenn wir es schaffen, Versicherungen für alle erschwinglich zu machen."

Paul Meeusen, CEO B3i

Die Blockchain Insurance Industry Initiative (auch bekannt als B3i) wurde 2016 ins Leben gerufen. Das Konsortium besteht aus den wichtigsten Teilnehmern der (Rück-)Versicherungsbranche und zählt heute 15 Unternehmen, darunter die **Aegon, Allianz, Hannover Re, Generali, Liberty Mutual, Munich Re, Swiss Re und Zurich Insurance Group.**

B3i will einen konkreten Mehrwert für die Branche erzeugen und hat bereits den ersten Prototyp einer Blockchain-Lösung für den Rückversicherungsmarkt vorgestellt. Dieser Prototyp ist ein intelligentes Vertragsverwaltungssystem, basierend auf Smart Contracts, das bereits von mehreren Unternehmen getestet wurde und bis Ende 2018 lanciert werden soll.

Was ist die Vision des Konsortiums?

Paul Meeusen fasst es wie folgt zusammen: „Die Vision für B3i ist einfach – es geht um weniger Administration und mehr Versicherung."

Die Digitale (R)Evolution

Weniger Administration entsteht durch die verbesserte Effizienz der Abwicklung von Erst- und Rückversicherungen über die gesamte Wertschöpfungskette. Das reduziert die sog. „Frictional Costs", d. h. den Wertverlust durch Verzögerungen und manueller Abstimmung. Dabei wird der Fokus auf die Risikoprävention und das Risikomanagement gelegt, was einen effizienteren Risikotransfer ermöglicht.

Paul Meeusen unterstreicht bei seiner Aussage, dass Effizienz nicht das eigentliche Ziel ist, sondern nur Mittel zum Zweck, um dem Endkunden bessere und erschwingliche Versicherungen anzubieten (d. h. die sog. „Affordability" der Produkte zu erhöhen). Für Paul Meeusen hat der Effizienzgewinn aber noch einen anderen entscheidenden Vorteil. Er macht es Versicherungen einfacher, neue Märkte zu erschließen.

Welche Vorteile bietet die Blockchain-Technologie?

Durch Blockchain erhofft sich das Konsortium den Aufwand für Tarifierung, Dokumentation und Verwaltung von Versicherungs- und Rückversicherungsverträgen beträchtlich zu reduzieren. Zudem sollen die Informations- und Geldflüsse beschleunigt werden. Die Blockchain spielt hier ihre Vorteile in Bezug auf die Transparenz, verbesserte Überprüfbarkeit und Automatisierung aus. Ein dezentralisiertes System entlang der gesamten Wertschöpfungskette wird es ermöglichen, wie in allen gut funktionierenden Business Ökosystemen, dass alle Marktteilnehmer von der gewonnenen Effizienz profitieren. Das bedeutet, dass sowohl Makler, Versicherer, als auch Rückversicherer gleichermaßen von geringeren Verwaltungs- und Abwicklungskosten profitieren. So können künftig attraktive Produkte angeboten werden.

Nach Aussage von Paul Meeusen ist der Aspekt der Datenqualität hierbei sehr wichtig. In den traditionellen Systemen baut die Datenqualität, je weiter man sich von der ursprünglichen Quelle entfernt, ab. Dieses Problem hat sich beispielhaft bei den „Mortgage Based Securities" gezeigt, welche als Ursache der Finanzkrise im Jahr 2008 gelten.

Mit Blockchain hat jedes versicherte Asset eine lückenlos protokollierte Historie, das von allen Teilnehmern verifizierbar ist.

Außerdem ermöglicht die Blockchain die Teilung von Information ohne Kontrollverlust der Urheber, so Paul Meeusen. Den Versicherten wird dadurch eine bessere Kontrolle über die eigenen Daten ermöglicht. Eine Eigenschaft, die die zentralisierten Netzwerke nicht bieten können.

Aus welchen Akteuren besteht B3i?

B3i hat das Ziel, wirklich alle Rollen in der Wertschöpfungskette zu repräsentieren: Erstversicherer, Rückversicherer, Broker, sowie spezielle Konstrukte wie Eigenversicherungen (sog. „Captive Insurance") und Zweckgesellschaften (sog. „Special Purpose Vehicles") für Versicherungsverbriefung (sog. „Insurance Linked Securites").

An welchen Anwendungsfällen wird konkret gearbeitet?

Als erster Use Case wurden die Kernfunktionen für die Automatisierung von Schadenexzedentenverträgen (sog. „Property Cat Excess-of-Loss-Verträge") implementiert, erklärt Paul Meeusen. Die Roadmap hört aber nicht bei den Anwendungsfällen im Naturkatastrophenbereich auf, sondern sieht ausdrücklich auch Implementierung von Anwendungsfällen in den Bereichen Schadens- und Unfall-, sowie Lebens- und Krankenversicherungen vor.

Welches sind die Vorteile für den Endkunden?

Es geht in der Tat nicht nur um die Verbesserung und Optimierung der Abläufe zwischen (Groß-)Unternehmen. Letztendlich will das Konsortium (und die ganze Branche) einen Mehrwert für den Kunden generieren.

„Versicherungsprodukte sollen einer breiteren Bevölkerungsschicht zugänglich gemacht werden und somit einen Beitrag zum sog. Protection Gap zu leisten", erläutert Paul Meeusen. Auf diese Weise sollen Regionen und Kundensegmente adressiert werden, die heute unterversorgt sind.

Die Digitale (R)Evolution

Welches sind die größten Herausforderungen im Konsortium in Bezug auf die Zusammenarbeit?

Das Konsortium ist als Interessengemeinschaft entstanden. Das war für den Anfang und die initiale Exploration eine hervorragende Lösung. Alle Teilnehmer haben allerdings schnell erkannt, dass eine gemeinsame Plattform Vorteile für alle Beteiligten bringt. Es gibt einen gemeinsamen Nenner, sodass die Konkurrenzsituation keine Rolle spielt. Die höhere Datenqualität, bessere Transparenz und Nachvollziehbarkeit über die Risiken sind Elemente, die alle Akteure verbindet.

Vor diesem Hintergrund war es naheliegend, der Initiative einen offiziellen Charakter zu geben. Ein Advisory Board steuert die Weiterentwicklung und die Roadmap. Die angedachten „User Groups" werden sich mit spezifischen Funktionalitäten auseinandersetzen.

Zudem wurde eine eigenständige Firma gegründet, die als Umsetzungs-Organisation und Geschäftspartner fungiert. Sie hat zudem den Auftrag, Stabilität und Kontinuität hinsichtlich der Regulierung und Steuerung sicherzustellen. *„Insbesondere möchte der Regulator erfahren, wie die Plattform und die Blockchain-Infrastruktur betrieben wird"*, so Paul Meeusen.

Die Firma wird mit Mitgliederbeiträgen und Transaktionsgebühren finanziert. Sie muss aber über kurz oder lang selbsttragend sein. Für Paul Meeusen ist dies der beste Indikator für eine Marktakzeptanz.

Wie ist die Finanzierung des Konsortiums geregelt?

Initial wurde das Konsortium mit Anfangskapital (sog. „Seed Capital") von den Initialen-Mitgliedern finanziert. In der nächsten Ausbauphase wird im „Private Placement"-Verfahren eine Finanzierungsrunde mit Beteiligten aus der gesamten Versicherungsbranche und ausgewählten institutionellen Investoren gestartet. Paul Meeusen: *„Wir werden sehen wie groß der Appetit der Investoren für die Idee ist, was ein weiterer Indikator für die Akzeptanz und Machbarkeit sein wird."*

Auf den Punkt gebracht

- Eine Blockchain ist ein System von dezentralen Rechnern, das durch Konsens eine Transaktion verifiziert.
- Blockchain ist eine (R)Evolution, da es das „Double Spending"-Problem von digitalem Geld durch eine dezentrale Architektur gelöst hat.
- Neben Bitcoin gibt es eine Vielzahl von Anwendungen, in denen ein gemeinsames Hauptbuch von Vorteil ist.
- Je nach Anwendungsfall kommen heute Private oder Public Blockchains zum Einsatz.
- Bei Public Blockchains haben sich zwei Verfahren gegen Missbrauch durchgesetzt: Proof-of-State und Proof-of-Work setzen die Anreize, dass sich die Teilnehmer korrekt verhalten.
- BaaS (Blockchain as a Service) kann z. B. in Form einer Anwendung für eine Branche etabliert werden.
- Blockchain kann verschiedene Aufgaben von Intermediären übernehmen, vor allem im Rahmen der Koordinations- und Kontrollaufgaben.
- Ein Beispiel von einem offenen System in der Versicherungsbranche ist die Lösung von Etherisc. Das Beispiel B3i zeigt, wie ein Standard im Rahmen des Konsortium umgesetzt werden kann.

KAPITEL 2

Alles wird Krypto

Alles wird Krypto

In diesem Kapitel möchten wir den Begriff „Krypto" näher erläutern. Er kommt in vielen Wörtern vor: **Kryptowährungen, Krypto-Economics, Krypto-Valley etc.**

Wo das Krypto-Valley liegt und warum die Region seinen Namen hat, haben wir bereits einleitend beschrieben. Der Fokus in diesem Kapitel liegt darauf, das Konzept der „Kryptografie" einfach zu beschreiben. Zudem werden wir in diesem Kapitel Smart Contracts erläutern.

In unseren Erklärungen zum Double-Spending-Problem (Kapitel 1) haben wir bereits mehrfach den Begriff „Krypto" verwendet. Wichtig war in diesem Zusammenhang, sicherzustellen und zu überprüfen, dass ein Datensatz nicht verändert wurde und aus einer verifizierbaren Quelle stammt. Kryptografie hat zwei Elemente, die dieses Problem lösen: **Hashing und digitale Signaturen.**

Was bedeutet Hashing?

Am besten lässt sich Hashing an einem Beispiel erklären: Nehmen wir an, wir möchten das E-Book „Live aus dem Krypto-Valley" über eine Blockchain-Applikation verkaufen. Das E-Book liegt  als digitaler Datensatz vor. Um die Eindeutigkeit herzustellen, muss sichergestellt sein, dass auch tatsächlich auf den korrekten Datensatz, also auf das vorliegende digitalisierte Buch, verwiesen wird.

Mit dem Hash-Algorithmus können wir für diesen Datensatz eine Prüfsumme errechnen lassen. Diese Prüfsumme ist eindeutig und gilt quasi als digitaler Fingerabdruck des E-Books. Wenn wir das E-Book als Originaldokument auch nur minimal verändern, so ändert sich auch der Fingerabdruck. Der berechnete Hash-Wert eines Datensatzes hat zwei wichtige Eigenschaften:

1. Ein Hash-Wert hat immer eine fixe Größe, die unabhängig vom Umfang der Input-Datei ist. Egal ob wir den Hash-Wert für einen Film mit 10 Gigabyte oder eine Textdatei mit 25 Kilobyte berechnen, dieser Hash wird immer beispielsweise 256 Bit haben.
2. Eine Hash-Berechnung ist einseitig, d.h., es ist unmöglich, aus dem Hash-Wert das ursprüngliche Dokument wiederherzustellen. Diese Eigenschaft verhindert, dass ein Dokument und sein Hash-Wert unbemerkt manipuliert werden.

Beide Eigenschaften ermöglichen, zwei Dokumente effizient und schnell zu vergleichen (Vergleich der Hash-Werte). Ein weiterer Vorteil ist, dass wir auf der Blockchain nicht die ganzen Datensätze speichern und vergleichen müssen, sondern nur die „Fingerabdrücke". Die Daten selbst können an einem separaten Ort gespeichert werden.

Hashing hilft zu garantieren und zu überprüfen, dass ein Datensatz nicht verändert wurde. Das Verfahren vermeidet die nachträgliche Änderung von Daten.

Wie funktioniert die digitale Signatur?

Digitale Signaturen ermöglichen es, zu überprüfen, ob ein Dokument verändert wurde und aus welcher Quelle es stammt.

Dafür braucht jeder Teilnehmer im System einen privaten und einen öffentlichen Schlüssel.

Am besten lässt sich das Prinzip an unserem Beispiel E-Book erklären. Nehmen wir an, dass wir in den letz-

Alles wird Krypto

ten Zügen sind, unser Kryptobuch fertigzustellen, und wir möchten das Manuskript des Buches an unseren Verlag schicken. Da es sich um „wertvolles Material" handelt, möchten alle Beteiligten Gewissheit haben, dass das Manuskript von uns (den Autoren) stammt und unterwegs nicht verändert wurde. Dies erreichen wir, indem wir das Manuskript digital signieren.

Wie in der folgenden Abbildung dargestellt, starten wir mit unseren zwei kryptografischen Schlüsseln. Der private Schlüssel wird genutzt, um die Signatur zu erstellen, und muss geheim gehalten werden (daher die Bezeichnung „privat"). Der öffentliche Schlüssel hingegen wird für die Überprüfung der Signatur benötigt und dem Verlag übergeben (oder einem anderen Teilnehmer), der die Signatur validieren soll.

Nachdem wir das Konzept vom privaten und öffentlichen Schlüssel verstanden haben, soll jetzt das signierte Dokument generiert werden. Dies erfolgt in drei Schritten, die in der Darstellung erläutert sind.

1. Wir generieren den Fingerabdruck unseres Dokuments (mit dem Hashing-Verfahren) und verschlüsseln es mit dem **privaten Schlüssel**.
2. Das Resultat ist eine Signatur des Dokuments. Dadurch entsteht eine unveränderbare Verbindung von Dokument und privatem Schlüssel.
3. Die Signatur wird an das Originaldokument angehängt. Dadurch entsteht ein signiertes Dokument.

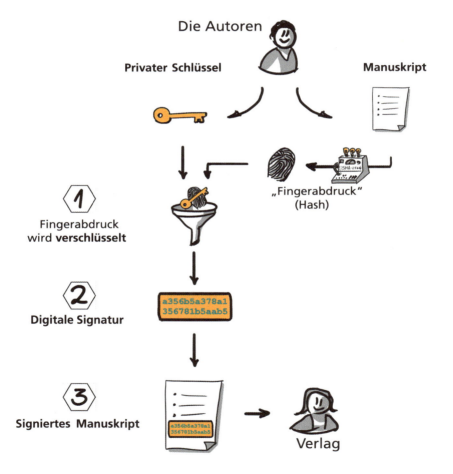

Alles wird Krypto

Der Verlag empfängt das Dokument und kann wie folgt verifizieren, dass die angehängte Signatur von uns stammt.

1. Der Verlag entschlüsselt den „Fingerabdruck" aus der Signatur mit dem **öffentlichen Schlüssel.**
2. Es wird ein Fingerabdruck des Dokuments generiert.
3. Es erfolgt eine Prüfung, ob der „Fingerabdruck des Dokuments" mit dem „entschlüsselten Fingerabdruck" aus der Signatur übereinstimmt.

Wenn die Fingerabdrücke übereinstimmen, kann der Verlag sicher sein, dass das Dokument unverändert ist und dass es von uns stammt, da wir die Einzigen sind, die Zugriff auf den privaten Schlüssel haben.

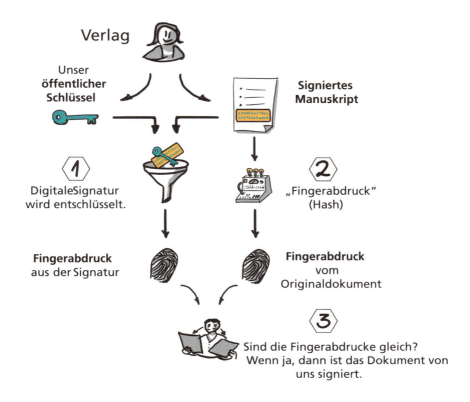

Die Konzepte von Hashing und digitalen Signaturen sind die Basiskomponenten einer Blockchain. Zum Beispiel wird bei Kryptowährungen wie Bitcoin eine Kette aus digitalen Signaturen genutzt, um z. B. alle einzelnen Übertragungen einer Kryptowährung zu protokollieren: **Kryptowährungen als angewandte Kryptografie.**

Was ist eine Kryptowährung?

Die Idee hinter Kryptowährungen besteht darin, Geld digitalisiert auf einer Blockchain zu speichern und zu transferieren. Wie bereits mehrfach erwähnt, übernimmt die Kontroll- und Koordinationsaufgabe nicht eine Bank, sondern eine Vielzahl von Rechnern.

> **Eine Kryptowährung ist ein dezentraler Geldkreislauf, der unabhängig von Banken und Behörden funktioniert.**

Privates Geld ist per se kein neues Konzept. Neben dem staatlich geregelten Geld (z. B. Fiat-Währungen, wie der Euro oder der Schweizer Franken) existiert heute bereits privates Geld, wie z. B. die WIR-Währung oder REKA-Schecks.

In traditionellen Geldsystemen steuern die Zentralbanken die Geldschöpfung. Verteilung und Geldumlauf werden mittels der Geschäftsbanken durchgeführt.

Bei einer Kryptowährung hingegen werden diese Aufgaben von Software-Algorithmen und dezentralen Architekturen übernommen. In diesen Systemen kontrolliert die Entität das Geld, die den privaten Schlüssel besitzt. Es gibt keine andere Instanz, die hier Einfluss nimmt. Bitcoin war die erste funktionierende private und digitale Kryptowährung.

Kryptowährungen haben folgende Eigenschaften im Vergleich zu traditionellen Fiat-Währungen:

- **Effiziente Geldschöpfung**
  Die Geldschöpfung erfolgt voll digital, was sich positiv auf die Kosten für die Herausgabe auswirkt.

Alles wird Krypto

- **Unmittelbare Verfügbarkeit**
  Sobald das Geld geschöpft ist, kann es genutzt werden. Es steht allen Teilnehmern zur Verfügung.
- **Kein Reservesystem**
  Kryptowährungen werden i. d. R. nicht beliehen und das Geld im Umlauf entspricht 1:1 der tatsächlichen Geldmenge (Vollgeld).
- **Sicher und nicht manipulierbar**
  Es besteht kein Problem von Double Spending und Zweideutigkeit in Bezug auf Transaktionen. Jede Transaktion ist nachvollziehbar und für alle Teilnehmer im System sichtbar.
- **Gezielte Verteilung – Zweckgebundenheit**
  Kryptowährungen können programmiert werden, sodass das Geld nur unter gewissen Umständen oder nur für einen bestimmten Zweck ausgegeben wird.

Alle Transaktionen sind in der dezentralen Buchführung einsehbar, wobei der eigentliche Nutzer nur durch seine virtuelle Adresse identifiziert ist (= öffentlicher Schlüssel). Diese Pseudo-Anonymität macht private Kryptowährungen sicher, aber zugleich aus Sicht eines Regulators oder eines Staates schwer zu beaufsichtigen.

Es wird deshalb aktuell diskutiert, ob Zentralbanken ebenfalls Kryptowährungen herausgeben und kontrollieren sollen. Mit diesem Ansatz sollen die Vorteile von Kryptowährungen mit den Vorteilen eines Zentralbanksystems kombiniert werden. Prominente Beispiele von Zentralbanken, die eine solche Mischform diskutieren, finden sich in Schweden und Australien.

==Die australische wie auch andere Zentralbanken prüfen die Einführung eines digitalen Dollars in Form einer Kryptowährung.==

Kryptowährungen von Zentralbanken könnten folgende Zusatzvorteile bieten:

- **Geregelt und reguliert**
  Sie werden von einem staatlichen Organ herausgegeben, gesteuert und überwacht. So ist sichergestellt, dass die jeweiligen länderspezifischen Gesetze eingehalten werden.

- **Genormt und garantiert**
  Staaten können z. B. Normen definieren und durchsetzen. Dies fördert i. d. R. die Interoperabilität zwischen verschiedenen Institutionen und Teilnehmern am Markt.
- **Vertrauenswürdig und stabil**
  Ein Staat kann bei Bedarf und in einer Krise als Kreditgeber der letzten Instanz agieren. Eine staatliche Kryptowährung ermöglicht algorithmische Geldschöpfung, um z. B. Liquidität und Stabilität zu gewährleisten.

Die hohe Volatilität von privaten Kryptowährungen macht es schwer, diese für direkte Zahlungen oder als Sicherheit zu nutzen.

So arbeiten neben den Zentralbanken auch private Anbieter an stabilen Kryptowährungen (sog. Stable Coins), um das Risiko von großen Wertschwankungen zu reduzieren.

Stable Coins existieren aktuell in zwei Varianten:

- **1:1-gebunden an Fiat-Währung**
  Die herausgebende Instanz hält so viel einer bestimmten Fiat-Währung als Sicherheit, wie von der dazugehörenden Kryptowährung im Umlauf ist. Jede Einheit Kryptowährung kann jederzeit in den gleichen Wert der entsprechenden Fiat-Währung getauscht werden. Die Kryptowährung **Tether** ist z. B. an den US-Dollar gebunden.
- **Dezentrales System von verbrieften Schuldverpflichtungen**
  Hierbei handelt es sich um ein System von Schuldscheinen, welches die Sicherheit in einer bestimmten Währung darstellt. Ein Anreizsystem sorgt für die Stabilität. Das DAI-System von der „MakerDAO" Stiftung ist z. B. eine der bekanntesten Plattformen für diese Ausprägung einer Stable Coin.

Egal in welcher Form, Kryptowährungen werden zunehmend zu einem wichtigen Baustein der neuen Ökosysteme – nicht zuletzt, da die Zahlungsströme bislang von einer großen Ineffizienz geprägt waren.

Mögliche Evolution von Kryptowährungen

Dezentrale Kryptowährung

Ein Computer-Algorithmus steuert die Geldschöpfung und den Geldumlauf.
Die Distribution erfolgt **direkt zu den Nutzern**.

Zentralbankgesteuerte stabile Kryptowährung

Eine Zentralbank steuert den Geldumlauf.
Die Verteilung erfolgt **voll digital durch ein Netzwerk**.

Dezentral gesteuerte stabile Kryptowährung

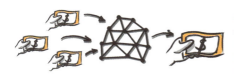

Ein dezentrales System steuert die Geldmenge durch **verbriefte Forderungen**.
Die Verteilung erfolgt voll digital durch ein Netzwerk.

Beispiel: Autonomes Einkaufen – der smarte Kühlschrank

In den letzten zehn Jahren wurde im Rahmen des Internets der Dinge (IoT) oft vom Kühlschrank gesprochen, der selbstständig Milch bestellt, wenn der Sensor oder die Kamera erkennt, dass diese zur Neige geht.

==In der neuen Kryptowelt kann mein Kühlschrank autonom einen Liter Milch bestellen und bezahlen!==

Durch eine Blockchain wird es möglich, die Bestellung und durch Kryptowährungen die Bezahlung abzuwickeln. Der Kühlschrank verwaltet unsere persönlichen Präferen-

==Kryptowährungen haben zum einen Eigenschaften wie Fiat-Währungen, aber zum anderen auch ihre eigene Ökonomie.==

zen, d. h. die Konditionen, zu denen er Milch kauft und bei welchen Händlern er sie bestellt. Mit seiner Wallet kann der Kühlschrank die Bestellung entsprechend begleichen.

Wer bestimmt den Wert dieser Kryptowährungen?

Die Frage nach dem Wert ist komplex und nicht ganz einfach zu beantworten, da Geld heute mehrere Funktionen erfüllen muss. Geld ist:

- Tausch- und Zahlungsmittel
- eine stabile Recheneinheit für den Wert von Waren und Dienstleistungen
- ein langfristiges Wertaufbewahrungsmittel

Im Fall von privaten Kryptowährungen bestimmt sich der Wert vor allem an den gewählten Token Economics und zum anderen am Glauben der Teilnehmer im System an den Wert der Token. So kann das gewählte Designparadigma bei einer Kryptowährung langfristig einen Einfluss auf ihren Wert im Markt haben.

Am Ende des Tages ist es schlicht der Glaube von Menschen an ein System, der den Wert einer Währung bestimmt.

Alles wird Krypto

Da Kryptowährungen monetäre Systeme darstellen, ist eine Einordnung in die verschiedenen Schulen der Geldpolitik wertvoll. Ohne in die Tiefe zu gehen, können zwei Theorien herangezogen werden: Hayek und Keynes.

> **Während Hayek als Prophet des freien Marktes gilt, ist Keynes der Evangelist der staatlichen Intervention.**

Auch wenn die Spaltung des Bitcoin-Netzwerks eine Debatte rund um die Theorien und das Design von solchen Systemen auslöste, so sind sich die meisten Ökonomen heute einig, dass es Systeme braucht, die beide Schulen vereinen. Diese These würde dafürsprechen, dass Kryptowährungen zukünftig von Zentralbanken gesteuert werden. Neben den ersten Überlegungen gibt es, Stand heute, keine Staaten, die ihre Fiat-Währung durch eine Kryptowährung abgelöst haben. Obwohl wir heute bereits nur noch selten Banknoten und Münzen benutzen und somit der Schritt in Richtung Kryptogeld nicht mehr allzu groß ist. Im Jahr 2017 betrug die Gesamtsumme der Fiat-Währungen ca. 600 Billionen Euro – nur 8 % davon waren physisch vorhanden. Der Rest existiert bereits heute in Form von elektronischen Daten. Diese sind leichter zu transportieren und die Transaktionen sind in vielen Fällen leichter nachzuvollziehen. Ohne dieses Fiat-Geld hätten es die heutigen Ökosysteme nicht geschafft, ihre Größe und Dynamik zu entwickeln. Bei vielen anderen Finanzinstrumenten, z. B. bei den Derivaten, die circa das Elffache des weltweiten Geld- und Sparvermögens ausmachen, besteht auch zehn Jahre nach der Finanzkrise Intransparenz und ein stetiges inhärentes Risiko für Staaten und Zentralbanken.

Blockchain und Kryptowährungen haben das Potenzial, diese Dynamik weiter zu beschleunigen und zugleich in vielen Bereichen mehr Transparenz zu schaffen. Ob sich jedoch am Ende Keynes oder Hayek durchsetzt, oder ob es eine Mischform braucht, können wir heute noch nicht beantworten.

Gegenüberstellung von Gold-, Fiat- und Kryptowährungen

Physischer Tausch
Das System wird durch die Knappheit z.B. von Gold kontrolliert.

Goldwährung
Eigenschaften:
- geringe Abhängigkeit zu einem politischen System
- Der wahre Wert liegt in der Währung selbst und kann durch einschmelzen gewandelt werden

Wenn das System kollabiert, hat das Gold immer noch einen Wert.

Fiat = Wert im System
Münze/Geldschein = Token-Wert
Münzen/Geldscheine werden mit dem Wert des darunterliegenden Systems geknüpft.

Traditionelle Fiat-Währung
Eigenschaften:
- Hohe Abhängigkeit vom System
- Die Währung entspricht dem Wert eines Wirtschaftsraums oder einer Nation

Wenn das System kollabiert, kollabiert auch die Währung.

Blockchain / Krypto
Der Token wird am Wert des Systems gekoppelt.

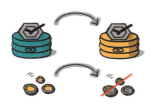

Kryptowährung
Eigenschaften:
- Token sind nicht umwandelbar, aber Systeme können ausgetauscht werden.
- Der Token entspricht dem Wert eines funktionierenden Systems.

Ein Systemkollaps führt zu einem Wertverlust des Token.

Wie wird in einem dezentralen System eine Währung gesteuert?

Die Wirtschaftsentwicklung eines Systems ist wesentlich von den Annahmen der Menschen über die Wertentwicklung ihres Eigentums (Assets) abhängig. So soll durch eine Steuerung verhindert werden, dass die Bewertungen von Assets einbrechen und Pessimismus bei den Besitzern von Vermögen die Folge ist. Eine solch übergeordnete Prüfung der Systeme, wie wir sie aus unseren Wirtschaftssystemen kennen, sieht die Kryptowelt aktuell nicht vor – wobei die Eigenschaften der geschaffenen Kryptowährungen sehr stark an die vorherrschenden Fiat-Modelle erinnern, wie aus der Abbildung (Seite 66) zu erschließen ist.

Oft wird Bitcoin mit Gold verglichen. Warum?

Der Vergleich, ob Bitcoin wie Gold sei, ist eine Frage der Interpretation. Fakt ist, dass eine physische Goldwährung per se einen wahren Wert hat und durch Einschmelzen in eine andere Goldwährung überführt werden kann. Eine Kryptowährung ist hingegen abhängig vom System. Ein Token kann nicht umgewandelt werden, wohl aber das System. Somit hinkt der Vergleich etwas, auch wenn mit künstlicher Verknappung und Mining einige Eigenschaften von Gold abgebildet sind.

Ethereum wird im Vergleich zu Bitcoin oft als Öl bezeichnet, weil es mehr Funktionen hat und deshalb für verschiedene Zwecke eingesetzt werden kann. Öl als Metapher kommt daher, da es z. B. zum Heizen oder zur Energieerzeugung genutzt werden kann. Ebenso ist es die Basis für Benzin, das Maschinen und Anlagen antreibt. Das würde im Umkehrschluss heißen, dass es gar nicht gehandelt werden müsste, weil seine Existenz bereits viele Probleme löst. Wie einleitend bereits beschrieben, gehen hier die Meinungen stark auseinander und wir werden in ein paar Jahren aus der Retrospektive den Einsatz und die Entwicklung besser beurteilen können.

Bitcoin = Gold   **Ethereum = Öl**

Wie werden die Marktregeln in solchen dezentralisierten Systemen bestimmt?

Die wirtschaftlichen Mechanismen in einer Kryptowirtschaft werden durch die jeweiligen „Krypto-Economics" bestimmt. Sie stützen sich auf bekannte Modelle der Mikroökonomie, der Spieltheorie und der gewählten Kryptografie. Die Gestaltung der zugrunde liegenden ökonomischen Anreize (wie künstliche Knappheit etc.) und ökonomischen Theorien (wie Ricardo, Marx, Hayek, Keynes sowie klassisch keynesianische Theorien) sind sicherlich von der klassischen Ökonomie inspiriert.

Dennoch sollten diese „Kryptowissenschaften" eher als ein Bereich der angewandten Kryptografie als ein Teilbereich der Ökonomie betrachtet werden.

==„Krypto-Economics" fokussieren sich auf das Design der ökonomischen Mechanismen dieser neuen Softwareprotokolle.==

So haben sich die „Krypto-Economics" zu einer eigenen Disziplin in der Kryptowelt etabliert, die Softwareprotokolle untersucht und die Produktion, Verteilung sowie den Verbrauch von Gütern und Dienstleistungen in einer dezentralisierten digitalen Wirtschaft regelt.

Alles wird Krypto

Für die meisten Blockchain-Anwendungen ist die Gestaltung der Business Ökosysteme (siehe Kapitel 3) zentral, um auf dieser Basis die „Krypto-Economics" abzuleiten.

> **Die bekanntesten funktionierenden Modelle von Kryptowirtschaften sind Bitcoin und Ethereum.**

Was ist der Unterschied zwischen dem inneren und dem tatsächlichen Wert?

Kryptowährungen haben aktuell einen Marktwert. Dieser wird vornehmlich in Fiat-Währungen gemessen. Dieser Wert wird durch Angebot und Nachfrage definiert. Es gibt keine vorherrschende Theorie oder Berechnungslogik für die Wertbestimmung, wie wir es z. B. von Aktien kennen. Bei Aktien sprechen wir in der Regel von einem inneren Wert. Im Gegensatz dazu steht der tatsächliche Wert, der sich aus Angebot und Nachfrage ergibt und in der Kursbildung an einer Börse zum Ausdruck kommt (= Marktwert). Bei der Berechnung des wahren Wertes von Aktien haben sich über die Jahre verschiedene Theorien und Methoden etabliert, wie z. B. das Discounted-Cashflow-Verfahren, das Kurs-Gewinn-Verhältnis (KGV), das Kurs-Umsatz-Verhältnis (KUV) oder das Kurs-Cashflow-Verhältnis (KCV).

Bei den meisten Kryptowährungen ergibt sich der Wert also aus Angebot und Nachfrage. Solange ausreichend Liquidität im Markt ist, sind die Kryptowährungen im Markt liquide und haben deshalb einen tatsächlichen Wert.

> **Neue Bewertungstheorien experimentieren z. B. mit einer Kombination von zwei Faktoren: die Größe des Netzwerks und der Rendite Spread bei BBB-Anleihen.**

Aber all die Theorien helfen nur wenig, wenn wir eine Kryptowährung für einen konkreten Anwendungsfall, z. B. einen Einkauf im Supermarkt, nutzen möchten. In diesen Fällen wäre der wahre Wert der gewählten Kryptowährung von zentraler Bedeutung. Nehmen wir unser Beispiel vom autonomen Kühlschrank. In der

Fiat-Welt kostet ein Liter Milch 1 Euro, und wenn wir Preisstabilität haben und keinen Sonderfaktoren wie einer Hyperinflation ausgesetzt sind, dann sollte ein Liter Milch auch am nächsten Tag ca. 1 Euro kosten. Diese Stabilität ist jedoch heute in den meisten Kryptowährungen nicht vorhanden. Das heißt in der Folge, dass nur sehr wenige Produkte und Dienstleistungen in Kryptowährungen bepreist werden. Der Nennwert wird heute meist in einer traditionellen Fiat-Währung angegeben.

> **In naher Zukunft wird es zunehmend sog. Stable Coins geben, die eine Bepreisung und Bezahlung ermöglichen.**

Wie wird Krypto heute für die Bezahlung eingesetzt?

Kryptowährungen werden aber trotz der hohen Volatilität für die Bezahlung eingesetzt. Das liegt daran, dass für viele Anwendungsfälle der wahre Wert der Währung zweitrangig ist. Der Marktwert reicht, um Kryptowährungen als „Transportmittel" für Werte zu nutzen. Da die meisten Transaktionen von kurzer Dauer sind, wird die Kryptowährung nur in diesem Zeitfenster genutzt, also bis die Transaktion abgeschlossen ist. An den Anfangs- und Endpunkten zur Kryptowelt wird sie jeweils in traditionelle Fiat-Währungen gewechselt, was das Währungsrisiko reduziert und trotzdem die Vorteile von Kryptowährungen nutzt.

> **Die Kryptoökonomie ist eine junge Disziplin und es wäre unseriös, eine Prognose abzugeben, wie sich diese Märkte und Ökosysteme in Zukunft entwickeln werden.**

Krypto(währungen) als Asset und als Vehikel zur Werterhaltung werden in Kapitel 4 näher beleuchtet. Im Folgenden wird ein weiteres Konzept beschrieben, das im Blockchain- und Kryptokosmos an Bedeutung zunimmt: **die Dezentralisierung von Intelligenz – der Smart Contract.**

Alles wird Krypto

Was ist ein Smart Contract?

Blockchain hat einem bereits bekannten Konzept neues Leben eingehaucht, welches Ende der 90er-Jahre als Gedankenexperiment beschrieben (Szabo, 1996) wurde: **die (R)Evolution von Smart Contracts.**

Ein Smart Contract reagiert auf Events und Transaktionen und führt daraufhin die vordefinierten und -programmierten Aufgaben aus.

Smart Contracts sind kleine Computerprogramme, die ereignisgesteuert auf der Blockchain laufen und digitale Vermögenswerte verwalten können.

 Smart Contracts reagieren auf Events und Transaktionen.

Smart Contracts werden auf allen Rechnern, die einem Blockchain-Netzwerk angeschlossen sind, installiert und ausgeführt. Somit wird sichergestellt, dass die vorprogrammierten Regeln von allen Teilnehmern dasselbe Resultat liefern – **es herrscht Konsens.**

Konsens von Smart Contracts innerhalb einer Blockchain

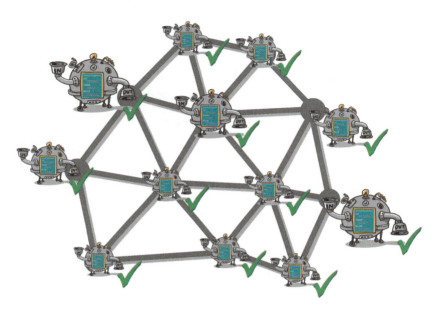

Bis jetzt hatten wir mit „Silly Contracts" zu tun. In einer Blockchain-Welt haben wir die Möglichkeit, Smart Contracts als Standard zu etablieren.

Smart Contracts unterscheiden sich maßgeblich von den „Silly Contracts", die wir aktuell einsetzen. Sie sind intelligenter und in ein System eingebettet.

Alles wird Krypto

Gegenüberstellung von Silly & Smart Contracts

Silly Contract

- Mehrdeutig
- Manuelle Verarbeitung
- Lücken zwischen Papier und digitaler Abwicklung

Smart Contract

- Vorprogrammiert
- Eingebettete Intelligenz
- Direkte digitale Ausführung
- Unveränderlich

Beispiel Smart Contract – der Mietvertrag

Am besten lässt sich die Funktion eines Smart Contract an einem Beispiel erklären. Nehmen wir an, wir möchten für die nächsten drei Monate unseren Lebensmittelpunkt nach Nizza verlegen und dort ein Studio in der Altstadt mieten.

Beim Surfen im Internet finden wir die Anzeige einer Studentin mit dem Nicknamen *Florance_Wild*. Sie bietet ein Studio in der Altstadt von Nizza zum sensationellen Preis von 600 Euro an. Sie möchte es für drei Monate vermieten und die Bilder sehen super aus. Sie möchte Vorkasse für die drei Monate und eine Kaution über 1000 Euro. Das Problem ist aber, dass wir *Florance_Wild* nicht kennen. Können wir ihr trauen? Ist *Florance_Wild* nicht ein komischer Nickname? Handelt es sich vielleicht um einen Betrüger, der nur an unser Geld möchte?

Auf der anderen Seite kennt uns *Florance_Wild* auch nicht. Sie weiß ebenfalls nicht, ob sie uns trauen kann. Vielleicht überlegen wir es uns kurzfristig anders und finden Barcelona schöner als Nizza.

Alles wird Krypto

In der uns bekannten Welt von „Silly Contracts" gibt es zwei Möglichkeiten, dieses Dilemma zu lösen:

1. Wir und „Frau Wild" unterzeichnen einen langen Mietvertrag mit allen Details zu unseren Identitäten, Bearbeitungsgebühren, möglichen Konsequenzen bei Nichteinhaltung, Rücktritt und vielen anderen Eventualitäten. Schließlich stimmen wir zu, 2800 Euro im Voraus zu zahlen, und hoffen, dass *Florance* eine echte Studentin aus Nizza ist.
2. Wir finden einen Agenten (Intermediär), der sich verpflichtet, alle Verantwortung zu übernehmen, aber eine Provision von einer Monatsmiete dafür verlangt. Alle Beteiligten würden sich sicher fühlen, aber die Kosten sind im Verhältnis enorm.

Es ist offensichtlich, dass eine Blockchain-Lösung mit einem Smart Contract dieses Dilemma lösen könnte. Also ein System, in dem es sehr genaue und logische Regeln gibt, welche die jeweiligen Bedingungen festlegen – jedoch nicht in Form eines „Silly Contract", sondern als Smart Contract, der die Erfüllung an Florance fixiert. Zudem garantiert der Algorithmus die Erfüllung aller Bedingungen, die festgehalten wurden.

Auf der Blockchain ist die Ausführung – anstelle von Intermediären und Papierdokumenten – durch das System garantiert, transparent und vor Fälschung geschützt.

„Magic of Blockchain"

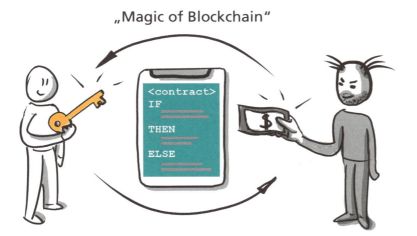

Solch ein Smart Contract kann mit wenigen Zeilen Programmiercode beschrieben und implementiert werden.

Was wir in dem Beispiel beschrieben haben, ist ein Modell, das für alle möglichen Überlassungen von Eigentum gegen Bezahlung funktioniert: Autos, Fahrräder, Ferienwohnungen, Segelboote usw. Durch das System sind solche Verträge u. a. wiederverwendbar. „Frau Wild" bekommt Geld und wir bekommen im Gegenzug den Zugangscode für eine bestimmte Dauer zu ihrer Wohnung, aber ggf. auch zu einem Auto, das wir überlassen bekommen.

Solch ein Vertragstyp würde für immer im System bleiben und es zudem ermöglichen, Rabatte, Preisänderungen und Änderungen der Bedingungen auf direkte Anfrage von „Frau Wild" zu definieren.

Aus Sicht der Technologie sind Smart Contracts nicht als Vertragsabschluss, sondern als Ausführung von Softwarecodes zu betrachten.

Der Vertrag ist ein einfacher Softwarecode mit einem Ergebnis, der für immer in der Blockchain fixiert ist.

Ist ein Smart Contract ein echter Vertrag?

Bei der Auslegung von Smart Contracts kommt es auf die Definition der einzelnen Vertragsaspekte an.

Es ist in der Tat illusorisch, zu denken, dass ein komplexes Vertragskonstrukt komplett in Programmcodes umgesetzt werden kann.

Kritische Stimmen sagen, dass Smart Contracts weder besonders smart noch echte Verträge sind.

Bei der Implementierung von Smart Contracts ist es deshalb wichtig, zu bestimmen, welche programmierte Klauseln eine echte vertragliche Komponente darstellen.

Welche Teile eines Vertrages eignen sich für Smart Contracts?

Es gibt sehr viele Bestrebungen, Smart Contracts rechtsbindend zu machen. Dabei liegt der Fokus auf der Beschreibung von Regeln, Aktionen und Resultaten, die im Vertrag vereinbart werden. Diese lassen i. d. R. wenig Raum für Interpretation und bieten sich deswegen für eine Automatisierung in Form von Smart Contracts an. Ein Smart Contract kann also nur die programmierbaren Bestandteile ausführen. Andere Vereinbarungen, wie z. B. eine Schlüsselübergabe, passieren i. d. R. physisch.

Ebenfalls sind Verweise auf andere Dokumente, Gerichtsstand etc. nur schwer in einem Smart Contract abbildbar. Diese können lediglich als Kommentar oder als Referenz im Softwarecode hinterlegt werden.

Wie im vorangegangen Mietvertragsbeispiel dargestellt, können Smart Contracts in Bereichen eingesetzt werden, wo es keinen Raum für Interpretationen gibt, wie z. B. die verbindliche Buchung und Vorauszahlung. Die Erstellung einer anfallenden Mängelliste beim Bezug der Wohnung muss aber weiterhin in der realen Welt erfolgen. In folgender Abbildung haben wir versucht, verschiedene Typen von Verträgen, Rechtshandlungen und Entscheidungen nach Einfachheit der Implementierung einzustufen. Am einfachsten zu implementieren sind Verträge wie z. B. Zahlung gegen Lieferung. Eine hohe Komplexität haben Verträge, die z. B. eine Terminierungsklausel enthalten.

Einstufung von Verträgen, Rechtshandlungen und Entscheidungen in Bezug auf Smart-Contract-Eignung

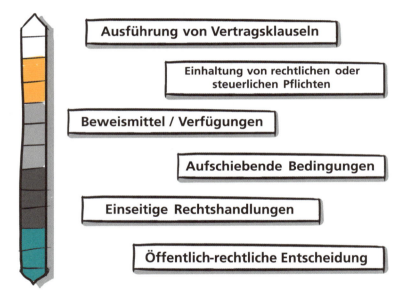

Beispiele für die verschiedenen Komplexitätsstufen:

- **Ausführung von Vertragsklauseln**
  Z. B. Online-Kauf im Internet: Der Download eines Films startet automatisch, nachdem die Zahlung eingetroffen ist.

Alles wird Krypto

- **Einhaltung von rechtlichen und steuerlichen Pflichten**
  Z. B. die korrekte Abrechnung von Steuern und Abgaben bei einer Transaktion.
- **Nachweise/Verfügungen**
  Z. B. der Nachweis einer Versicherung bei einem Kraftfahrzeug bei Inverkehrssetzung.
- **Aufschiebende Bedingungen**
  Z. B. die Anzahlung bei einem Kauf, bei dem der Hauptvertrag erst dann erfüllt ist, wenn eine Bedingung erfüllt ist.
- **Einseitige Rechtshandlungen**
  Z. B. eine Kündigung, die eine Bestätigung benötigt. Ein Smart Contract kann diese entgegennehmen und vordefinierte Abläufe anstoßen.
- **Öffentlich-rechtliche Entscheidungen**
  Z. B. eine öffentliche Kommunikation und Interaktion mit Rechtsfolgen.

Dies sind nur einige Beispiele von einfachen und komplexen Verträgen, bei denen Smart Contracts zum Einsatz kommen können. Es ist wichtig, situativ die rechtlichen Gegebenheiten zu analysieren.

Was ist bei Smart Contracts aus rechtlicher Sicht zu beachten?

Bei der Entwicklung von Smart Contracts müssen bestimmte Rahmenbedingungen eingehalten werden. Alle komplexeren Verträge, digital und analog, sind in der Regel unvollständig. Aus diesem Grund braucht es immer eine weitere Instanz, die über Verträge urteilt.

Ausschnitte an kritischen Punkten, die bei der Implementierung von Smart Contracts zu beachten sind:

- **Nichtbefolgung von Gesetzen**
  Der Smart Contract weicht vom gültigen Gesetz ab, weil er z. B. einen Programmierfehler hat.

- **Vertragslücke**
  Der Smart Contract beinhaltet nicht alle Klauseln des Vertrags oder spezifische gesetzliche Vorschriften.
- **Interpretation von Begrifflichkeiten**
  Der Vertrag oder das Gesetz enthält unbestimmte Rechtsbegriffe, die nicht in Programmcodes erfasst werden können.
- **Ausnahmen oder Sonderregelungen**
  Ein Smart Contract deckt in den meisten Fällen nur die Hauptleistung und wenige Ausnahmefälle ab. Viele Spezialfälle werden i. d. R. außerhalb des Smart Contract geregelt. Diese sind z. B. Fragen der Haftung, Gewährleistung usw.
- **Willenserklärung**
  Ein Smart Contract hat kein Bewusstsein und keinen eigenen Willen, deshalb muss die Auslösung einer Aktion (= Handlungswille) von einer Person ausgehen bzw. der Smart Contract von ihr dafür autorisiert werden.
- **Komplexität**
  Je komplexer das Vertragskonstrukt, desto fehleranfälliger ist ein Smart Contract. Dies führt zu schwer vorhersehbaren Ergebnissen.

Wie lassen sich „Silly Contracts" und Smart Contracts verknüpfen?

Aktuell benötigen wir für viele Verträge weiterhin eine traditionelle Variante, also einen „Silly Contract". Insbesondere bei Anlage-Token (siehe Kapitel 4) sind die vertraglichen Aspekte von hoher Bedeutung. Somit stellt sich die Frage, wie ein Smart Contract mit einem „Silly Contract" verbunden werden kann. Am einfachsten ist dies möglich, wenn der Papiervertrag und der Smart Contract sich gegenseitig referenzieren. Wie zuvor erläutert, bedient man sich hier eines Hash, der zudem digital signiert wird. So können die beiden Verträge eine unzertrennliche Einheit bilden.

Alles wird Krypto

Verknüpfung von Silly und Smart Contracts

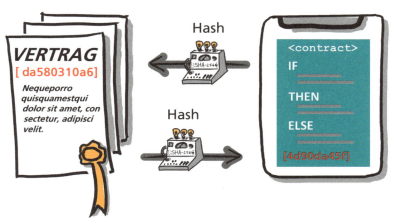

Im Krypto-Valley werden aktuell auch Technologien erprobt, die es ermöglichen, aus einer einzigen Vertragsquelle einen traditionell lesbaren Vertrag sowie den Programmcode eines Smart Contract zu generieren. Das folgende Interview mit Car Dossier zeigt u. a. wo Smart Contracts zum Einsatz kommen können.

Interview mit dem Car Dossier Projekt

Digitalisierung des Autos

„Das Zielsystem ist wie eine Selbsthilfegruppe: man tut sich zusammen, um ein gemeinsames Problem zu lösen."

Matthias Löpfe, AdNovum und Esad Ceranic, AMAG

In verschiedenen Abschnitten im Buch hatten wir bereits erläutert, dass aufgrund von Krypto und Blockchain neue Ökosysteme entstehen werden. Ein Anwendungsfall in dem die neuen Wertflüsse eine maßgebliche Rolle spielen, ist die Digitalisierung von Fahrzeugausweisen/-briefen. Das Blockchain-Vorhaben „Car Dossier"

hat das Ziel alle relevanten Informationen über den Lebenszyklus eines Fahrzeugs auf einer Blockchain zu dokumentieren. Diese Informationen sollen von den verschiedenen Akteuren im System genutzt werden.

Die Initiatoren leben den Kerngedanken eines MVE (Minimum Viable Ecosystem), sie bringen mehrere Akteure mit unterschiedlichen Perspektiven zusammen. Zu den Initiatoren gehören: **das Software-Unternehmen AdNovum, die Universität Zürich (UZH), die Hochschule Luzern, das Strassenverkehrsamt des Kantons Aargau, die AMAG, der Car-Sharing-Dienst Mobility sowie der Versicherer AXA.**

Wie ist die Idee vom „Car Dossier" entstanden?

Matthias Loepfe von AdNovum berichtet, wie alles anfing. AdNovum und UZH hatten beschlossen, zusammen ein Blockchain Projekt zu lancieren.

Im Rahmen eines Design Thinking Workshops wollten die Partner Anwendungsfälle von Blockchain identifizieren. Durch viele W-Fragen, Brainstorming-Sitzungen und Iterationen wurde klar, dass Blockchain nur in bestimmten Konstellationen einen Mehrwert für einen Anwendungsfall bringt. Die These aller Beteiligten war (ohne damals viel Blockchain-Knowhow zu besitzen), *„dass Blockchain als Schlüsseltechnologie nur dann zum Tragen kommt, wenn mehrere Parteien miteinander Geschäfte machen, die sich nicht vertrauen."* Also fragte sich das Team: „Wem trauen wir heute nicht?" Die Antwort kam prompt: „einem Gebrauchtwagenverkäufer". Auf dieser Basis reflektierte das Team, ob das omnipräsente Vertrauensproblem beim Gebrauchtwagenkauf mit einer Blockchain verbessert werden könnte. Und so startete das Projekt. Das immense Potential dieser Idee begriff das Team aber erst später, als sie mit den Akteuren im Ökosystem gesprochen hatten und großen Zuspruch für ihre Idee antrafen.

Warum Blockchain für ein Car Dossier?

Für Matthias Loepfe liegen die Gründe auf der Hand: Für ihn gibt Blockchain Sicherheit und Gewissheit. So erklärt er: *„In einem kleinen Kreis an Akteuren oder z. B. nur in der Schweiz, ist es einfacher, sich zu vertrauen. International haben wir hier im Fahrzeugmarkt keine Chance. Dieses Misstrauen beschert hohe Kosten und Blockchain hat das Potential die Reibungsverluste zu verringern."*

Wie sieht das Ökosystem von Car Dossier aus?

Aktuell besteht das Ökosystem aus den anfangs genannten Projektpartnern. Das Projektteam hat bewusst nicht zu viele Parteien ins Boot geholt, so dass es schnell und zielgerichtet im Rahmen eines MVE vorankommen kann. Bereits mit wenigen Partnern ist der Koordinationsaufwand beachtlich, so Matthias Loepfe. Er verrät, dass es aber zugegebenermaßen bereits eine lange Liste von Firmen gibt, die gerne mitmachen möchten. Das Ziel ist ganz klar für das Team, es soll eine schweizweite Standardplattform für Daten rund um den Lebenszyklus von Fahrzeugen entstehen. Deshalb besteht ein großes Interesse, das Ökosystem zu erweitern und weitere Partner zu involvieren. Schlussendlich soll die Plattform für alle offen sein, und das Team hat den Tenor: *„je mehr mitmachen, umso mehr Vorteile haben alle Akteure im System"*.

Was ist der (Mehr-)Wert für jeden Teilnehmer im System?

Esad Ceranic von AMAG hebt hervor, dass alle Teilnehmer unter Medienbrüchen und ineffizienten Geschäftsprozessen leiden, wobei heute die größte Herausforderung im Abgleich der unterschiedlichen Datentöpfe von allen Teilnehmern liegt.

Das Car Dossier Team ist davon überzeugt, dass der größte unmittelbare Nutzen in der Optimierung dieser Schnittstellen liegt. Durch die Blockchain-Technologie entsteht ein Vertrauensnetzwerk. Dieses Vertrauen ermöglicht es erst wirklich effizient zusammenzuarbeiten. Esad Ceranic fügt zudem hinzu, dass durch die gute, wie auch sichere Datenbasis viele neue Businessmodelle möglich werden. Diese reichen von autonomen Fahrzeugen, bis hin zu dynamischen Versicherungsangeboten.

Die folgenden Vorteile für die Akteure waren im Design des Business Ökosystems von Car Dossier entscheidend:

- **Straßenverkehrsamt (StVA)**
  Vereinfachung der Prozesse und höhere Kundenfreundlichkeit.
- **Importeur**
  Vereinfachung der Prozesse und höhere Kundenfreundlichkeit.

*Eine **gemeinsame** Sicht auf die Daten*

- **Versicherung**
  Vereinfachung der Prozesse und höhere Kundenfreundlichkeit.
- **Car Sharing**
  Vereinfachung der Prozesse und höhere Kundenfreundlichkeit.
- **Akademie**
  Die Blockchain-Technologie öffnet einen bunten Strauß an Forschungsthemen zu denen sich Doktorandinnen oder Studenten vertiefen und nach Antworten suchen können.

Wie funktioniert die Governance?

Es gab zwei Phasen. Zum einen das Forschungsprojekt und die Phase der Umsetzung. Wenn es um die Governance der persönlichen Daten geht, dann ist die Vorstellung des Projektteams sehr klar: *„Jeder Data-Owner hat jederzeit die Hoheit über seine Daten und kann bestimmen wer, wann und wozu Zugriff erhält und wieviel (oder was) er dafür im Gegenzug offerieren muss."*

Während des Projekts orientiert sich das Team am Projektziel/MVP. Sie stimmen sich aktuell regelmäßig ab. Danach soll dieser Prozess mittels eines demokratischen Prozesses geschehen. Wie ganz genau, ist noch Gegenstand der Forschung.

In der Anfangsphase der Umsetzung wird sicher AdNovum für die Weiterentwicklung und Pflege der Plattform verantwortlich sein, so Matthias Loepfe. So soll die Kontinuität garantiert werden. Längerfristig soll diese Aufgabe aber von einem Konsortium (oder der gewählten Rechtsform) übernommen, resp. koordiniert und vergeben werden.

Welchen Vorteil hat ein Endkunde, wenn das System operativ ist?

Nach Aussage von Matthias Loepfe hat der Endkunde eine Reihe von Vorteilen, wie z. B. verlässliche Informationen zu Fahrzeugen und eine Vereinfachung von vielen Prozessen, wie z. B. die Anmeldung eines Fahrzeugs beim Straßenverkehrsamt oder der Abschluss einer Versicherungspolice.

Das Projektteam hat sich das folgende Szenario ausgemalt: Am Straßenrand (oder auf einer Verkaufsfläche) steht ein Auto das uns gefällt. Mit der Car-Dossier-App können wir schnell prüfen, ob es zum Verkauf steht. Falls ja, können wir alle relevanten (und öffentlichen) Daten abrufen. Details können zusätzlich vom Fahrzeughalter angefordert werden.

Der Autobesitzer resp. Halter kann uns dann den Zugriff gewähren oder auch nicht. Wenn uns das Angebot gefällt, können wir eine Probefahrt anfragen. Falls das im Sinne des Besitzers ist, können wir für die Fahrt mit einem Klick eine Versicherung lösen und mittels der App das Fahrzeug öffnen und starten. Nach der Probefahrt können wir das Fahrzeug mit einem weiteren Klick kaufen, bezahlen, versichern und sofort beim Straßenverkehrsamt einlösen.

Wird es eine eigene Firma „Car Dossier" oder ein Konsortium geben?

Nach Auskunft der Projektpartner ist noch nicht entschieden, welche die passende Rechtsform für das Blockchain-Vorhaben ist. Das Team prüft jedoch verschiedene Optionen und so stehen neben einem Konsortium, die Rechtsform eines Vereins oder die Umsetzung einer „Datengenossenschaft" zur Diskussion.

Auf den Punkt gebracht

- Blockchain nutzt zwei Elemente der Kryptografie: Hashing und Signing. Ein Hash ist so einmalig wie ein „Fingerabdruck". Die digitale Signatur stellt die Herkunft sicher.
- Kryptowährungen basieren auf dezentralen Geldkreisläufen. Keine zentrale Instanz, sondern ein Algorithmus steuert das System.
- Der Wert einer Kryptowährung orientiert sich am Marktwert. Kollabiert das System, dann kollabiert auch die Kryptowährung.
- Ein Smart Contract ist die operationale Abbildung eines Vertrags in Programmiersprache.
- Smart Contracts können einen echten Vertrag darstellen, jedoch bedarf es weiterhin einer übereinstimmenden Willenserklärung.
- Smart Contracts eignen sich eher für einfache Verträge (z. B. autonomer Kühlschrank oder Peer-to-Peer-Stromaustausch), die keinen Spielraum für Interpretation aufweisen.
- Eine Programmiersprache kann Vertragssprache sein, solange eine traditionell lesbare Form davon generiert werden kann.
- Das Beispiel Car Dossier zeigt u. a., in welchen Fällen ein Smart Contract, z. B. das Car Sharing, vereinfachen kann.

KAPITEL 3

Die neuen Ökosysteme

Die neuen Ökosysteme

In den vorherigen Kapiteln haben wir bereits mehrfach auf die neuen Business Ökosysteme hingewiesen, die aktuell im Krypto-Valley und an vielen anderen Plätzen auf dieser Welt am Entstehen sind. Bevor wir in Kapitel 4 auf die verschiedenen Token und ihre Funktion eingehen, widmen wir uns in diesem Kapitel dem Design der neuen Business Ökosysteme und den damit verbundenen Wertströmen, die aufgrund von Blockchain als Technologie ermöglicht werden. Wir verlassen in diesem Kapitel bewusst das Thema Technologie und konzentrieren uns auf die Wertströme, Unternehmen (= Akteure) und die Menschen, welche darüber entscheiden, ein Produkt oder eine Dienstleistung zu kaufen oder an einem Ökosystem zu partizipieren.

==Das Design von Business Ökosystemen gehört zu den anspruchsvollsten Aufgaben in einem Blockchain-Projekt und ist eine Fähigkeit, die nur wenige beherrschen.==

Was ist ein Business Ökosystem?

Analog zu einer dezentralen Technologie wie Blockchain braucht es ein Business-System, das z. B. eine Peer-to-Peer-Transaktion als sinnvoll ansieht oder eine Kryptowährung bzw. einen Token akzeptiert. Business Ökosysteme funktionieren am besten, wenn alle Akteure im System einen klaren Vorteil haben. Es handelt sich hierbei nicht um eine zentrale Plattform mit klassischen Kunden-Lieferanten-Beziehungen, sondern um Systeme, die z. B. durch eine Community oder ein genossenschaftliches Gedankengut geprägt sind. Meist investieren die Akteure des Systems in den Aufbau der Infrastruktur, um später von den Vorteilen zu profitieren. Im Fall von Blockchain wird i. d. R. ein neuer Wachstumsmarkt erschlossen oder ein bestehendes System disruptiert. Das größte Potenzial für eine Dis-

==In den meisten Systemen belaufen sich die Kosten, die durch Intermediäre entstehen, auf 15 bis 30 % der gesamten Wertschöpfung.==

ruption haben Ökosysteme, die viele Intermediäre für die Durchführung von Transaktionen und vertrauenswürdigen Diensten benötigen. In den neuen Ökosystemen werden zudem oftmals eigene Token emittiert, die zur Verrechnung im System dienen.

Die Welt der Mittelsmänner

Warum gibt es neue Wertströme?

Bislang gab es Wertströme, die hauptsächlich aus Fiat-Währungen (z. B. EUR, CHF etc.), einzelnen privaten Währungen (z. B. WIR), physischen Produkten, Dienstleistungen, Daten oder Informationen bestanden. Neu kommen jetzt Kryptowährungen, Utility-Token und Anlage-Token hinzu, die entweder zur Zahlung, zum Tausch oder als Wertpapier fungieren.

Die neuen Ökosysteme

Wertströme heute vs. morgen

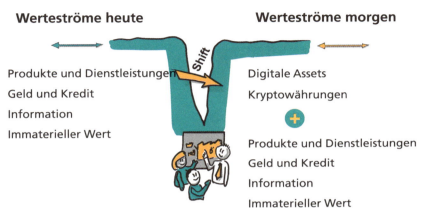

Werteströme heute
- Produkte und Dienstleistungen
- Geld und Kredit
- Information
- Immaterieller Wert

Werteströme morgen
- Digitale Assets
- Kryptowährungen
+
- Produkte und Dienstleistungen
- Geld und Kredit
- Information
- Immaterieller Wert

Wie reagieren die Intermediäre auf diese Veränderung?

Intermediäre haben keinen leichten Stand. Zum einen sinken die Eintrittsbarrieren für Start-ups. Diese bauen neue, effiziente Systeme auf. Zum anderen sehen etablierte Unternehmen eine Chance darin, die Intermediäre, mit denen sie in einer geschäftlichen Beziehung stehen, zu umschiffen und so Ineffizienzen zu beseitigen oder eine End-to-End-Automatisierung zu realisieren.

Viele Intermediäre werden deshalb in den nächsten Jahren krampfhaft damit beschäftigt sein, ihre Stellung zu festigen. Es ist davon auszugehen, dass die Intermediäre viel Geld in Lobbyarbeit investieren werden, sodass Gesetze nicht geändert werden und alte Vertrauensnetzwerke nicht zu Bruch gehen.

> **Proaktive Intermediäre beschäftigen sich intensiv mit dem nächsten Shift der Digitalisierung. Sie prüfen ihre Marktrolle, Geschäftsmodelle und den Bau von eigenen Blockchain-Applikationen.**

Intermediäre, die selbst aktiv werden, haben einen klaren Vorteil, da sie bereits eine etablierte Kundenbasis haben. Sie verstehen branchenspezifische Prozesse in der Tiefe und besitzen genügend Kapital, um diesen nächsten Schritt der digitalen Transformation einzuleiten. Woran es meist hapert, ist die Fähigkeit, in dezentralisierten Strukturen/Ökosystemen zu denken und Geschäftsmodelle mehrdimensional zu betrachten. Niemand gesteht sich gerne ein, dass die Cash-Cow, die über Jahre, basierend auf einzelnen Transaktionen, saftige Gewinne abgeworfen hat, auf einmal disruptiert wird.

Welche Fähigkeiten braucht die nächste Welle der Digitalisierung?

Um erfolgreich im Blockchain-Kosmos agieren zu können, braucht es die Fähigkeit, die beschriebenen Business Ökosysteme zu gestalten, und die Bereitschaft, neue Marktrollen im System (ohne Intermediäre) einzunehmen.

Die bisherigen Fähigkeiten, welche in der ersten großen Welle der Digitalisierung entscheidend waren, sind weiterhin von größter Bedeutung. Hierzu zählt die Fähigkeit, mit anderen Unternehmen zusammenzuarbeiten, also *Co-Creation von Lösungen und das Denken in Kundenerlebnissen*. Für fast jede Leistung gibt es einen Kunden oder Stakeholder, der z. B. aufgrund eines automatisierten Services eine besondere Erfahrung macht.

Die neuen Ökosysteme

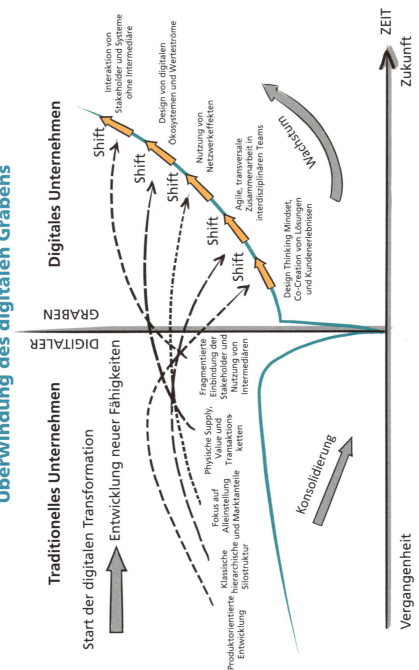

Zum anderen ist die *agile, transversale Zusammenarbeit in interdisziplinären Teams* mehr denn je entscheidend. Zum Beispiel braucht die Entwicklung eines Smart Contract Business-Know-how, Prozessexperten, Rechtsberater bis hin zu Protokollentwicklern, die am Ende das ganze System umsetzen. Unternehmen, die bereits heute *Netzwerkeffekte in der Gestaltung ihrer Wertschöpfungsketten nutzen*, werden sich tendenziell im nächsten Evolutionsschritt hin zu *Business Ökosystemen* leichter tun.

Die Abbildung zeigt die einzelnen „Shifts" der digitalen Transformation bis hin zur Stufe Business Ökosystem Design als zentrale Fähigkeit, in dezentralen Strukturen erfolgreich zu agieren (Lewrick & Link, 2018).

Am besten lässt sich das Vorgehen im Business Ökosystem Design an einem Beispiel festmachen. Hierfür nehmen wir nochmals das Beispiel Musikindustrie auf.

Beispiel: Musikindustrie – „Cut the middleman"

In der uns bekannten Welt gehen fast 90 % der Lizenzeinnahmen an die großen Plattenlabels (wie z. B. Universal Music Group, Warner Music Group, Sony Music Entertainment etc.) und Technologiefirmen (wie z. B. Spotify etc.). Dem Künstler bleibt im besten Fall ein Bruchteil der Einnahmen oder aufgrund mangelnder Durchsetzungskraft des geistigen Eigentums kein Cent der erzielten Einnahmen. Die Komplexität nimmt bei Streaming-Dienstleistungen nochmals zu und benachteiligt den Künstler zunehmend. Aber auch Abonnenten von Streaming-Abos begeben sich in eine Abhängigkeit und einen Lock-in-Effekt mit einer Plattform, die z. B. die jeweilige Playlist verwaltet.

Musiker wie James Blunt erhalten durchschnittlich 0,0005799392 Euro pro gespielten Song, was zu 578 Euro für 1 Million gespielter Lieder führt.

Die neuen Ökosysteme

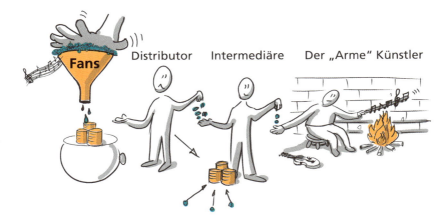

Das Beispiel der Musikindustrie ist eines von vielen, in dem Intermediäre und vertrauensvolle Dritte für einfache Transaktionen oder das Bereitstellen einer sicheren Plattform viel Geld verdienen. Blockchain als Technologie erlaubt uns, effizientere Business Ökosysteme zu entwickeln. In der Regel haben wir die Möglichkeit, Prozesse komplett neu zu gestalten und im gleichen Atemzug Intermediäre und Drittanbieter zu eliminieren. Dadurch verändern sich auch die Wertströme und der damit verbundene Übergang von Eigentums- oder Nutzungsrechten.

Was wäre, wenn es keine Intermediäre in der Musikindustrie mehr geben würde?

In einer vollkommen idealen Welt würde es keine Intermediäre geben und auch keine zentrale Plattform. Die Teilnehmer im System haben Transparenz über alle Verträge und Transaktionen. Smart Contracts regeln und automatisieren die finanziellen Transaktionen zwischen den Bandmitgliedern, ebenso zwischen den Fans und der Band. Die Transaktion zum Fan und zu anderen Nutzern (Radio, Fernsehen, Werbung etc.) sind über Pay-per-Play-Contracts automatisiert und die Blockchain dient zur Dokumentation der Anzahl gespielter Songs, Art des Gebrauchs und Zeitpunkt der Anwendung.

 Beispiel Lizenz Ledger in der Musikindustrie

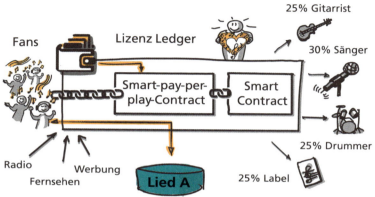

Beim Design von radikal neuen Ökosystemen (wie am Beispiel der Musikindustrie) stellt sich jedoch die zentrale Frage: **Wie verdient der Initiator eines solchen Systems Geld, ohne, wie es heute der Fall ist, Vermittler zu haben oder Abonnementanbieter zu sein?**

Der erste Gedanke fällt natürlich auf ein „transaktionsbasiertes Modell". Für jede Transaktion, bei der ein Lied abgespielt wird, bekommt der Initiator einen Prozentsatz (z. B. 5 % der Gebühr, die der Fan für das Abspielen bezahlt), wobei natürlich auch andere Modelle möglich sind. Diese reichen von Querfinanzierungen über Werbeeinnahmen bis hin zu Kombiangeboten sowie erweiterten Produkten und Dienstleistungen.

> **Der Kunstmarkt wird durch die Veränderungs- und Umwälzungskraft von Blockchain ebenso demokratisiert wie der Kapitalmarkt.**
> *Don & Alex Tapscott*

Derzeit gibt es einige blockchainbasierte Lösungen auf dem Markt, die versuchen, ihr Ökosystem zu etablieren. Hierzu zählen:

Die neuen Ökosysteme

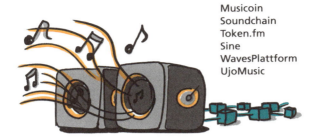

Musicoin
Soundchain
Token.fm
Sine
WavesPlattform
UjoMusic

Die Ära von konsensbasierten Ökosystemen

Das Beispiel „Musikindustrie" zeigt, welche Vorteile disruptive Ökosysteme für die zwei wichtigsten Akteure – Künstler und Fans – im System bringen können. Smart Contracts regeln den Austausch und die Nutzung von Songs. Ebenfalls werden die Gewinne aus der Nutzung der Lieder automatisch an die Bandmitglieder verteilt bzw. wie im Smart Contract vereinbart, aufgeteilt.

Blockchain ermöglicht volle Transparenz und Nachvollziehbarkeit über die Wertströme.

Insbesondere in großen Systemen, in denen Hunderte von Akteuren ein Musikstück nutzen, bringt die Blockchain erhebliche Vorteile. So können Einnahmen aus Radiosendungen im gleichen Stil abgerechnet werden wie bspw. ein kurzer Einspieler eines Songs für ein Gewinnspiel.

Da ein Musikstück ein digitales Asset verkörpert, kann es ebenso verkauft oder übertragen werden. Die Band kann so beispielsweise einen Song zu 100 % an einen Filmproduzenten verkaufen und ihn übertragen. Dies kann auch zeitlich begrenzt erfolgen, d. h., ein Song wird z. B. für fünf Jahre, inkl. der Vermarktungsrechte, übertragen. Im Anschluss erlischt dieses Recht und der Song geht als digitales Asset zurück an die Band. In diesen fünf Jahren der Übertragung fließen die Einnahmen aus der Nutzung an den Filmproduzenten.

In Bezug auf die Gestaltung von neuen Ökosystemen sind zwei wesentliche Evolutionsschritte durch Blockchain-Applikationen abbildbar:

- **Abbau von Barrieren:**
  Die definierten Akteure im Ökosystem können einfacher miteinander interagieren. Geringere Transaktionskosten ermöglichen die Durchführung von Mikrotransaktionen und eine automatisierte Vertragsabwicklung mit reduzierten Reibungsverlusten.
- **Realisierung von Netzwerkeffekten:**
  Solche Ökosysteme erlauben eine schnelle Integration von weiteren Akteuren. So ist ein On-Boarding einer großen Anzahl von Radiostationen möglich, die alle unter demselben Smart Contract, im Pay-per-Play Verfahren, den Song nutzen und abrechnen. Das Gleiche gilt für Künstler, die ein neues Album oder einzelne Songs zur entgeltlichen Nutzung bereitstellen möchten.

Warum sind die Ökosysteme neu zu gestalten?

Viele der neuen Business Ökosysteme für Blockchain-Anwendungen entstehen aufgrund von neuen Marktopportunitäten und Kundenbedürfnissen. Aber oftmals bestehen die Systeme bereits und sind von zentralen Plattformen, Intermediären, Ineffizienzen sowie einem geringen Automatisierungsgrad geprägt. Egal ob in der Gestaltung von neuen Business Ökosystem oder im (Re-)Design hat es sich als nützlich erwiesen, das Ökosystem entsprechend iterativ zu gestalten.

==Blockchain bietet die Chance, das bestehende System zu optimieren oder neue Ökosysteme zu gestalten.==

Die neuen Ökosysteme 99

Worin unterscheidet sich ein zentralisiertes Business-Netzwerk von einem dezentralisierten Ökosystem?

Bei der Gestaltung von Blockchain-Anwendungen und neuen Ökosystemen müssen wir unser bisheriges Gedankenmodell verwerfen. Dieses wurde in den letzten Jahrzenten stark durch zentralisierte Business-Netzwerke geprägt. In Kapitel 1 sind wir bereits auf den Übergang von zentralisierten hin zu dezentralisierten Systemen am Beispiel des Internets eingegangen. Dieses Designprinzip ist konsequent auf die Gestaltung von Business Ökosystemen anzuwenden.

In vielen traditionellen Unternehmen wird heute noch sehr klassisch in Kunden-Lieferanten-Beziehungen, sprich fokussierten Partnernetzwerken, gedacht. Bei Blockchain-Applikationen denken wir konsequent in dezentralisierten Ökosystemen, also Netzwerken der Maturitätsstufe 3.

Die drei Maturitätsstufen von Netzwerken

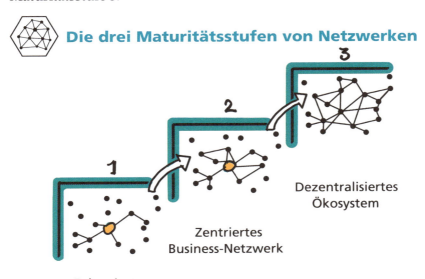

Auf welcher Grundlage werden die neuen Ökosysteme gestaltet?

Bei den meisten erfolgreichen digitalen Lösungen stand der Kunde/Nutzer im Zentrum der Überlegungen. Der Nutzer hat sowohl bestimmte Aufgaben, die er gerne erledigen möchte, als auch Bedürfnisse, die mit seinen „Pains" und „Gains" in engem Zusammenhang stehen. Wir starten vor den Überlegungen von neuen Business Ökosystemen immer mit dem Nutzer/Kunden. In der Regel wenden wir hierfür den „Design Thinking Ansatz" an, um eine Lösung oder ein Erlebnis für den

> Wer mehr über Design Thinking erfahren möchte, dem ist das „Das Design Thinking Playbook" zu empfehlen.

Design Thinking
- Bestimme deine potenziellen Nutzer, Kunden und Stakeholder
- Erkenne mit Design Thinking die wahren Kundenbedürfnisse
- Finde gleichsam elegante wie einfache Lösungen
- Nutze Systems Thinking und Data Analytics

Co-Creation
- Binde weitere Kunden, Nutzer und Lead User ein
- Hol dir die nötige Hilfe von außen
- Arbeite in Teams über Abteilungs- und Unternehmensgrenzen hinweg
- Entwickle MVPs/MVEs und baue Vertrauen zu Partnern und Kunden auf

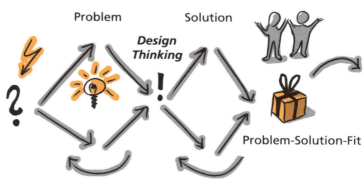

 Research
- Verstehe das Problem und die Situation ganzheitlich
- Nutze Marktforschungsinstrumente
- Validiere und ergänze deine Erkenntnisse

Die neuen Ökosysteme

Nutzer zu erarbeiten. Die Arbeit mit Personas, das iterative Vorgehen und der Bau von Prototypen/MVPs helfen, eine potenzielle Lösung zu entwickeln.

Nachdem die potenzielle Lösung über den iterativen Prozess entwickelt wurde, geht es an die eigentliche Herausforderung – die Gestaltung eines passenden Business Ökosystems.

Das „Problem to Growth & Scale" Framework (Lewrick et al., 2018) zeigt den Prozess von Problem über Design Thinking, Lean Start-up, MVPs (Minimum Viable Products) bis hin zur Gestaltung eines Business Ökosystems in Form eines MVEs (Minimum Viable Ecosystem), bevor ein System skaliert wird.

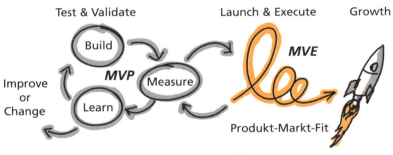

 Business Ecosystem Design & Agile Produkt-und Kundenentwicklung

- Verlagere deine Aktivitäten von der Problemlösung und Lösungsfindung auf das Finden des richtigen Geschäftsmodells für alle Akteure mit Business Ecosystem Design
- Entwickle das Produkt und das Geschäftsmodell agil weiter, z.B. mit Methoden wie SCRUM
- Denke bei der Entwicklung von Geschäftsmodellen in Varianten
- Betrachte multidimensional die Geschäftsmodelle von allen Akteuren im Ökosystem und erstelle ein MVE

 Lean Start-up

- Nutze den Lean Start-up-Ansatz, um mit wenig Kapital dein Angebot weiter zu entwickeln
- Strukturiere die Lösung schrittweise
- Verbessere und validiere mit schnellen Iterationen dein Geschäftsmodell
- Kläre mit Experimenten die größten Unsicherheiten ab

 Scale

- Bereite die Organisation für Wachstum und Skalierung vor
- Etabliere skalierbare Prozesse, Strukturen und Plattformen
- Überprüfe das Mindset und die Fähigkeiten in deiner Organisation und folge nicht einfach einem Blueprint
- Bringe die gesamte Organisation einen Schritt nach vorne und geh neue Wege

Wie ist der Ablauf in der Gestaltung von Business Ökosystemen?

Das vorgestellte Business Ökosystem Modell wurde über die letzten Jahre im Herzen des Krypto-Valley entwickelt und validiert.

Nach unserem Wissensstand gibt es nur wenige Ansätze und Vorgehensmodelle zur Gestaltung von Business Ökosystemen. Unser Ansatz wurde über die letzten Jahre in der Durchführung von verschiedenen Blockchain-Projekten entwickelt (Lewrick et. al. 2018). Der iterative Ansatz folgt dem Mindset des Design Thinking.

Das Vorgehensmodell hat sich besonders für neue digitale Wachstumsinitiativen und in der Prüfung potenzieller Vorteile bewährt, die sich durch die Anwendung von Blockchain als Schlüsseltechnologie ergeben.

In der Gestaltung von Business Ökosystemen hat es sich als nützlich erwiesen, in drei aufeinander aufbauenden Design Loops vorzugehen (vgl. Lewrick & Link, 2018). Generell sind Kenntnisse zum „Systems Thinking" von Vorteil, da über die Interaktionen die jeweiligen Systemgrenzen erkundet werden und deren Beeinflussbarkeit getestet wird.

Nachfolgend werden die zehn Schritte kurz beschrieben und erläutert.

Wie gehen wir im Virtuous Design Loop vor?

Der Virtuous Design Loop besteht aus sieben Phasen. Am Ende steht das Ziel, verschiedene Varianten von Business Ökosystemen über ein interaktives Vorgehen zu entwickeln. Beim Re-Design von bestehenden Business Ökosystemen versuchen wir z. B., möglichst viele Intermediäre im System zu eliminieren und zugleich die Prozesse und Interaktionen im System zu optimieren. Die neuen Wertströme, wie digitale Assets und Kryptowährungen, reichern die Szenarien an. Bei der Gestaltung auf der „grünen Wiese" können wir von Anfang an nur die wertbringenden Akteure berücksichtigen.

Die neuen Ökosysteme

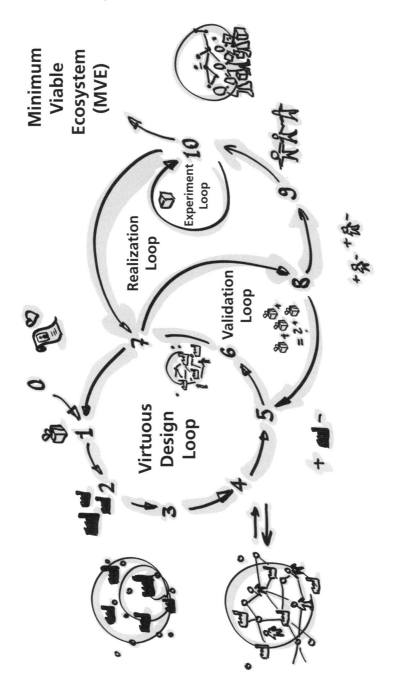

Die 7 Phasen im Virtuous Design Loop

1) Formulierung der Value Proposition
2) Beschreibung der Akteure im Business Ökosystem
3) Akteure auf der Ökosystem-Landkarte einordnen
4) Definition der Wertströme und Vernetzung der Akteure
5) Analyse der Vor- und Nachteile je Akteur
6) Multidimensionale Betrachtung des Geschäftsmodells von allen Akteuren im Ziel-Business-Ökosystem
7) (Re-)Design des Business Ökosystems

Welche Bedeutung hat der Validation Loop für unser Vorhaben?

In den Phasen 1 bis 7 wurde das System gestaltet. Aber nur die Realität zeigt, ob unsere Überlegungen auch wirklich überlebensfähig sind. Der Validation Loop (Schritt 8) besteht aus nur einem Schritt, der jedoch fundamental wichtig ist, da am Ende Menschen und Teams zusammenarbeiten müssen, um ein Ökosystem wachsen zu lassen.

8) Betrachtung der Entscheidungsträger und Teammitglieder im Ökosystem

> **In der Theorie funktionieren viele Systeme, wir müssen jedoch die Menschen hinter den Akteuren überzeugen, an unserem System teilzunehmen.**

Die Validation kann nur im Dialog bzw. in Co-Creation mit den jeweiligen Akteuren im System erfolgen. Nur wenn diese einen Mehrwert im System sehen, werden sie am Ende partizipieren.

Was müssen wir im Realization Loop beachten?

Im Design von Business Ökosystemen wurden die Bedürfnisse von Kunden/Nutzern und Akteuren berücksichtigt. Für die erfolgreiche Umsetzung werden insbesondere die Teams, die das Business Ökosystem erschaffen, benötigt.

9) Zusammenstellung eines motivierten Teams für die Umsetzung des Business Ökosystems

Die neuen Ökosysteme

In der letzten Phase kommen die Ansätze von Lean Start-up und agiler Softwareentwicklung zum Einsatz, um das Ökosystem iterativ aufzubauen und zu verbessern. Das Vorgehen über Minimum Viable Ecosystems (MVEs) entspricht dem Grundgedanken des bekannten Prototypings von MVPs. Diese werden konsequent in Iterationen getestet.

10) Aufbau des Business Ökosystems via MVE

Welche Werkzeuge und Methoden helfen in der Gestaltung?

Ein nützliches Werkzeug zur Gestaltung von Business Ökosystemen ist das gleichnamige Canvas (vgl. Lewrick et al., 2018).

Hierbei wird explizit auf die Bedürfnisse der Nutzer, die Akteure im System, die Value Proposition, die Definition der Wertströme und die Ergebnisse aus den Tests von Prototypen eingegangen, ebenso auf die Vor- und Nachteile eines jeden Akteurs und die mehrdimensionale Betrachtung der Geschäftsmodelle. Im

Das Canvas enthält die wichtigsten Elemente der Loops für ein iteratives Vorgehen in der Erarbeitung eines Business Ökosystems.

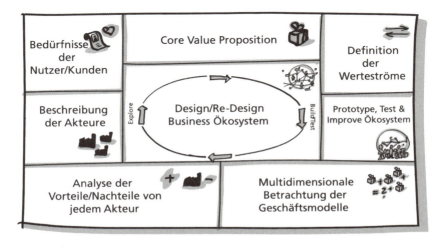

Zentrum steht das (Re-)Design des eigentlichen Ökosystems.

Zusammengefasst sind die zentralen Fragen im Canvas:

- **Bedürfnisse der Nutzer/Kunden**
  Wer ist der Kunde bzw. Nutzer und welches Problem soll gelöst werden?
- **Beschreibung der Akteure**
  Wer sind die Akteure im System und welche Rolle haben sie?
- **Analyse der Vorteile/Nachteile je Akteur**
- *Welches sind die Vorteile und Nachteile für den Akteur im aktuellen und in einem zukünftigen System?*
- **Core Value Proposition**
  Wie lautet das Werteversprechen an den Nutzer?
- **Definition Wertströme**
  Welches sind die aktuellen und zukünftigen Wertströme?
- **Prototyp, Test, Improve Ökosystem**
  Mit welchem MVP starten wir die Exploration im MVE?
- **Multidimensionale Betrachtung der Geschäftsmodelle**
  Welches sind die attraktiven Geschäftsmodelle für jeden Akteur im System?
- **Design/Re-Design Business Ökosystem**
  Im Kern des Canvas' wird das Ökosystem visualisiert und die Akteure, Prozesse und Wertströme werden definiert. Darüber hinaus werden die Akteure mit erweiterten und komplementären Angeboten, Schlüsselfunktionen und anderen Akteuren, die direkt oder indirekt Teil des Systems sind, auf der Landkarte platziert.
  Welche Akteure sind zentral in der Erbringung der „Core Value Proposition" im Business Ökosystem?

> **Bei der Gestaltung von Business Ökosystemen ist es wichtig, in Iterationen vorzugehen und in Szenarien mit unterschiedlichen Akteuren im System zu denken.**

Wenn es um disruptive Blockchain-Lösungen geht, haben wir drei zentrale Fragen im Hinterkopf:

1) Welche Akteure können eliminiert werden?
2) Gibt es Akteure, welche die Wertströme besser oder multidimensional skalieren?

Die neuen Ökosysteme

3) Ist das Business Ökosystem im neuen Szenario robust und überlebensfähig?

Das definierte Business Ökosystem ist u. a. die Basis für die Formulierung und Ausgestaltung der Token Economics, die in Kapitel 4 beschrieben werden. Das folgende Interview mit SkyCell/Smart Containers zeigt, wie zentral das Design von Business Ökosystemen in der Definition eines Blockchain-Vorhabens ist.

Interview mit SkyCell/Smart Containers

Konsequentes Denken in Business Ökosystemen

„Blockchain definiert die Logistik neu – nach den Bedürfnissen der Marktakteure."

Carla Bünger, CMO von SkyCell/Smart Containers Group

Die Holding Smart Containers Group gehört mit ihrer Tochtergesellschaft SkyCell zu den Marktführern für Luftfracht-Container. Und zwar nicht für irgendwelche Container: Die Container von SkyCell transportieren die teuersten und temperaturempfindlichsten Waren in der Pharmaindustrie. Diese Waren benötigen einen besonders sorgfältigen Schutz. SkyCell setzt in ihrer Abwicklung auf eine Kombination aus intelligenter Hardware, Blockchain-Technologien und maßgeschneiderten Dienstleistungen, die es ihnen ermöglicht, logistische Herausforderungen zu bewältigen und Temperaturschwankungen zu vermeiden. Die Vision von Smart Containers Group sind smarte Container, die ihren Weg von A nach B mithilfe von Smart Contracts und Blockchain-Technologien effizient und effektiv finden. Für die Realisierung eines neuen Business Ökosystems wurde der LOGI-Token auf den Weg gebracht.

Warum setzt Smart Containers Group auf Blockchain?

Logistik ist per se dezentral, aber Landesgrenzen und lokale Gegebenheiten lassen uns an Systemen festhalten, die über Jahrzehnte einen Pseudo-Standard definiert haben. Dieser kann aber heute dank neuer Technologien disruptiert werden. Carla Bünger, CMO von Smart Containers Group, vergleicht es mit vielen alltäglichen Gewohnheiten, an denen wir festhalten, obwohl uns Innovationen neue Möglichkeiten bieten: *„So spülen wir unser Geschirr immer noch mit warmem Wasser ab, obwohl moderne Spülmittel das Fett auch mit kaltem Wasser lösen. In der Logistik und in unseren Unternehmen ist es ähnlich. Wir nutzen die ERP-Systeme aus den 1980er-Jahren, vertrauen den Intermediären aus den 1990er-Jahren und blasen unsere bereits mächtigen Applikationen mit noch umfangreicheren Funktionalitäten auf."*

Die Akteure im System wollen aber eigentlich nur eines: Sie möchten Ware sicher von A nach B versenden und möglichst geringe Kosten in der Abwicklung haben. Die heutigen Trade-Life-Cycle-Kosten in den Supply Chain Operations liegen bei über 60 %. Und über 20 % der Transportkosten gehen zulasten der Kommunikation, für die Abwicklung und das Tracking.

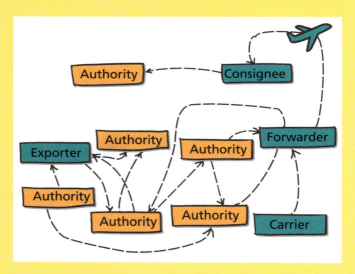

Für die Smart Containers Group waren das nur zwei von vielen Gründen, eine Revolution einzuleiten. Das Design des Ökosystems begann für das Team mit der Rückbesinnung auf den Kerngedanken von Logistik: *„Die Ware soll schnell, sicher und unbeschädigt beim Empfänger,*

Die neuen Ökosysteme 109

ohne Umwege, ankommen. Intermediäre, teure Schnittstellen und manuelle Prozesse sollten eliminiert werden. Also keine zentrale Plattform, sondern ein dezentrales System, das genügend Vorteile für die Akteure bietet, um an diesem teilzunehmen."

Wie hat die Smart Containers Group die Exploration gestartet?

Das Team bestand aus einem Applikationsentwickler, der sich bereits in der Vergangenheit mit Blockchain-Lösungen befasst hatte, zwei mutigen Gründern, Richard Ettl (CEO) und Nico Ros (CTO), und der Visionärin Carla Bünger, die das volle Potenzial und das aktuelle Momentum der Veränderung wahrgenommen hatte. Das Smart Containers Team hatte sich zuerst alle ICOs im Umfeld von Logistik und IoT angesehen, z.B. Modum (die heute ein Kooperationspartner sind), ein passives Blockchain-Monitoring-System für die Optimierung von Logistikprozessen via IoT, und die prominenten Projekte im Bereich der Supply-Chain-Optimierung für Container auf der Blockchain, wie z.B. die Container-Blockchain von Maersk und IBM.

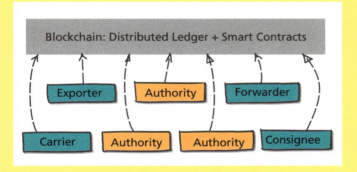

Parallel dazu hatte das Team die aktuellen Ledger-Technologien von Iota, Corda, Hyperledger, NEM, EOS, Neo bis Ripple näher unter die Lupe genommen, um zu sehen, welche Technologie am besten zu existierenden IoTs und der Applikationslandschaft des Unternehmens passt.

Wie sieht das Ökosystem der Smart Containers Group aus?

Im MVE von Smart Containers hatten sich Partner wie Emirates Sky Cargo eingefunden. In verschiedenen Interaktionen mit weiteren Partnern werden namhafte Logistikdienstleister und Partner des Unternehmens angesprochen. Hierzu zählen z. B. Panalpina, Kühne & Nagel und Cargolu. Das Ziel-Ökosystem enthält eine kritische Masse an Akteuren, die einen klaren Vorteil im System sehen und den LOGI-Token für die Transaktionen einsetzen werden. Diese Unternehmen sind Teil der Investoren, die in einer separaten Stiftung das System zum Leben bringen werden.

Welche Vision hat die Smart Containers Group?

Smart Containers Group wird durch das neue Ökosystem die Logistikbranche revolutionieren. Als Marktakteur hat die junge Firma die Pain Points von ineffizienten Logistikketten über Jahre gespürt und genügend Erfahrung gesammelt, um einfachere, schnellere und günstigere Prozesse zu schaffen.

Die neuen Ökosysteme

Auf den Punkt gebracht

- Die Musikindustrie ist ein Beispiel für ein System, in dem heute Intermediäre und vertrauensvolle Dritte für einfache Transaktionen viel Geld verdienen. Solche Ökosysteme haben das Potenzial für eine Disruption.
- Die neuen Business Ökosysteme der dritten Maturitätsstufe (= dezentralisierte Netzwerke) haben sowohl Merkmale, die auf den Nutzer fokussiert, lose gekoppelt und auf Co-Creation ausgelegt sind, als auch vernetzte und dezentrale Systemelemente.
- Es handelt sich um abgestimmte und akzeptierte Wertesysteme von allen Akteuren im System, mit branchenübergreifenden Angeboten und einem maximalen Nutzen für die Teilnehmer und Akteure.
- Hierbei werden die Bedürfnisse der Entscheider berücksichtigt und die Umsetzung wird durch Blockchain und Smart Contracts gestützt.
- In verschiedenen Design Loops werden schrittweise Minimum Viable Ecosystems (MVE) aufgebaut, getestet und optimiert.
- Das Beispiel von SkyCell/Smart Containers zeigt, die zentrale Bedeutung von einem durchdachten Business Ökosystem in der Realisierung eines Blockchain-Vorhabens.

KAPITEL 4

Token Events

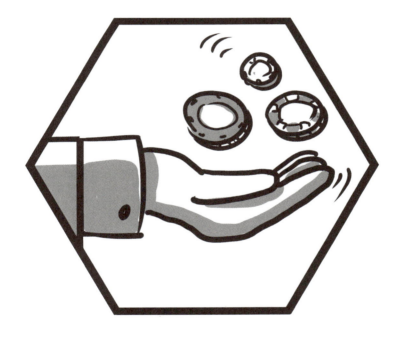

Token Events

In der Kryptowelt gibt es verschiedene Ausprägungen von „Token".

Wir werden in diesem Kapitel Klarheit über die verschiedenen Token-Typen schaffen, die wichtigsten Unterschiede hervorheben und kurz auf ihre Entwicklungsstufen eingehen.

Token werden in Zukunft die vorherrschende Basis für Transaktionen in den neuen Ökosystemen darstellen.

> **Token sind das Elixier gegen ineffiziente Systeme in einer Kryptowelt. Sie helfen, die neuen Business Ökosysteme zu beleben!**

Zudem wird am Beispiel des Initial Coin Offering (ICO) das Thema Token Events erklärt. Es ist aktuell eines der am weitesten verbreiteten Vorgehen, um ein Blockchain-Vorhaben zu finanzieren.

Was ist ein Token?

Blockchain hat die Fähigkeit, jeder Art von Vermögen oder Gegenständen eine eindeutige digitale Identität zuzuweisen. Der Token dient als Mittel, um einen Vermögenswert in der Kryptowelt darzustellen.

Rein technisch kann ein Token auf zwei Arten emittiert werden:

1) Auf einer neu entwickelten Blockchain
2) Mittels eines Smart Contracts auf einer bereits bestehenden Blockchain

Sobald ein Vermögenswert als Token auf der Blockchain existiert, haben wir Aufschluss über seine:

> **Token können mit Smart Contracts gekoppelt werden und erhalten so eine definierte Bedeutung und/oder Funktion.**

- **Existenz**
- **Herkunft**
- **Eigentümerschaft**

Welche Arten von Token gibt es?

Wie wir bereits erfahren haben, ist ein Token das digitale Abbild eines beliebigen Vermögenswertes. Dieser Wert kann physisch existieren, z. B. in Form eines Autos, oder eine rein digitale Form annehmen, z. B. in Form von Kryptogeld.

 Tokenisierung von Wertgegenständen

Neben den verschiedenen technischen Ausprägungen und Möglichkeiten, ein kryptografisch-digitalisiertes Token zu gestalten, ist es unseres Erachtens sinnvoll, bei der Ausgestaltung bereits von Anfang an die rechtlichen und regulatorischen Aspekte zu berücksichtigen.

Für diese Einordnung sind zwei Fragen relevant:

1) Welcher Gegenstand oder Vermögenswert wird durch den Token repräsentiert?
2) Welche Gegenpartei nimmt den Token entgegen?

Die Antworten auf diese Fragen beeinflussen, basierend auf den regulatorischen Anforderungen, die Funktionsweise des Token sowie die Rechte und Pflichten der involvierten Parteien.

Auf dieser Basis lassen sich drei Arten von Token festmachen: **Zahlungs-, Nutzungs- und Anlage-Token**.

Mögliche Ausprägungen eines Token

Zahlungs-Token	Nutzungs-Token	Anlage-Token
Kryptowährung	Digitale Nutzung-/Zugriffsrechte	Vermögensgegenstände

Zahlungsmittel Wertspeicher

Applikation Plattform Infrastruktur

Forderung (Teil-)Eigentum Aktie/Obligation

Keine Gegenpartei „Protokoll"-Gegenpartei

Kommerzielle Organisation Vertragliche Gegenpartei „AGBs"

Dezentral Open-Source oder Community

Token haben entweder eine vertragliche Gegenpartei oder das Protokoll (bzw. ein dezentrales Netzwerk) ist die Gegenpartei. Dies hat entsprechende Auswirkungen auf die Möglichkeit, unsere Rechte vor einem Gericht geltend zu machen.

Token *ohne* vertragliche Gegenpartei:

- **Zahlungs-Token (sog. native Kryptowährung)**
  Es handelt sich um Krypto-Tokens, die als allgemeines Zahlungsmittel, aber auch als Werterhaltungsmittel genutzt werden, wie z. B. Bitcoin.
- **Nutzungs-Token (sog. Utility Token)**
  Diese Tokens werden als Zahlungsmittel für spezifische Plattformen oder Applikationen eingesetzt. Solche Tokens werden z. B. von Open Source Communities, wie Ethereum, entwickelt.

Diese beiden Arten von Token sind heute am weitesten verbreitet. Der Wert ermittelt sich durch Angebot und Nachfrage, wobei Besitz und Transfer an keine rechtlichen Bedingungen geknüpft sind.

Anders ist die Situation bei Tokens, bei denen es eine eindeutige rechtliche Gegenpartei gibt. Das Recht kann z. B. ein Anspruch auf eine Dienstleistung, eine Dividendenzahlung oder der Besitz an einem Vermögenswert sein. Der Wert des Token bestimmt sich also durch die Nutzung der Dienstleistung oder durch den Wert des Vermögensgegenstandes. Die damit verbundenen Rechte und Pflichten müssen rechtskonform dokumentiert werden. Dadurch hat ein Token-Halter die Möglichkeit, im Rahmen der Rechtsprechung seine Rechte durchzusetzen.

Token *mit* vertraglicher Gegenpartei:

- **Nutzungs-Token auf kommerzieller Plattform**
  Diese Tokens haben eine eindeutige Gegenpartei und die Rechte und Pflichten sind z. B. in den AGBs festgehalten, wie es z. B. in Blockchain-Loyalitäts-Anwendungen zu sehen ist. Anders als bei den zuvor beschriebenen Utility-Tokens (ohne vertragliche Gegenpartei), kann bei dieser Ausprägung ein Anspruch geltend gemacht werden.

- **Anlage-Token (sog. Asset Token)**
  Diese Tokens sollen zukünftig die traditionellen Anteilsscheine und Wertpapiere ersetzen. Die Rechte und Pflichten hängen stark von der konkreten Art bzw. der anwendbaren Gesetzgebung ab. Der Besitz und Transfer ist reguliert, in den meisten Fällen müssen zusätzlich zum Token, traditionelle Mechanismen eingesetzt werden, z. B. ein schriftliches und rechtsbindendes Vertragswerk.

> **Ein Token ist ein technisches Artefakt, das verschiedene Aspekte der Beziehung zwischen dem Token-Halter und dem -Herausgeber digitalisiert.**

Die korrekte Klassifizierung eines Tokens ist ein wichtiger Meilenstein in einem Blockchain-Vorhaben und es gibt verschiedene Modelle zur Einteilung. Aus unsere Sicht bietet das Framework von MME (MME, 2018) eine sehr gute Basis für Einordnung.

Aus der Vergangenheit haben wir zudem gelernt, dass es am Anfang nicht immer klar ist, für welchen Zweck

Token Events

ein Token genutzt wird bzw. wie sich die Nutzung mit der Zeit entwickelt. Ein gutes Beispiel ist *Ether*. Der Token wurde ursprünglich als Nutzungsrecht für die Ethereum-Plattform konzipiert, heute wird er aber auch als Zahlungsmittel genutzt.

> **Art und Funktion eines Token sind vor der Ausgabe zu definieren. Auf dieser Basis erfolgen die Programmierung, der Verkauf und die Besteuerung.**

Welche Entwicklungsstufen durchläuft ein Token?

Viele Tokens sind bei ihrer Ausgabe noch nicht funktionsfähig. Das heißt, es gibt erst mal nur ein Recht auf den Erhalt eines zukünftigen Token.

 Entwicklungsstufen eines Token

Vorfinanzierung   Vorverkauf   Pre-operativ   operativ
                  („Voucher")

Eine mögliche Einteilung kann in Vorfinanzierung, Vorverkauf, Pre-funktional/Pre-operativ und operativ erfolgen:

- **Vorfinanzierung (sog. Pre-Financing)**
  In dieser Phase liegt meist nur ein Konzept vor. Mittels Investitionsvertrag wird den Investoren in Aussicht gestellt, in Zukunft Tokens zu erhalten. Oft werden hierfür sogenannte SAFT-Verträge (Simple Agreement for Future Tokens) abgeschlossen.

- **Vorverkauf – „Token Pre-Sales"**
  Der Vorverkauf ermächtigt den Investor, zu einem späteren Zeitpunkt den funktionalen Token zu beziehen bzw. einzutauschen. Diese Art Token wird deshalb oftmals auch als „Voucher"-Token bezeichnet.
- **Pre-funktionaler/Pre-operativer Token**
  Diese Tokens sind bereits übertragbar, jedoch sind sie noch nicht funktionsfähig. Das zugrunde liegende Protokoll, die Infrastruktur und/oder die Anwendung sind meist noch im Entstehen.
- **Operativ**
  Der Token ist hinsichtlich seiner Hauptfunktion funktionsfähig.

Was ist ein SAFT?

SAFT steht für „Simple Agreement for Future Tokens" und ist ein Investitionsvertrag. Ein SAFT sieht einen ersten Verkauf von Rechten durch Entwickler an akkreditierte Investoren vor. Der SAFT verpflichtet die Investoren, die Entwicklung eines funktionsfähigen Netzwerks mit funktionsfähigen (Utility-)Tokens zu finanzieren. Im Gegenzug nutzen die Entwickler die Mittel, um die Plattform zu entwickeln und die Tokens den Investoren auszuhändigen, sobald diese funktionsfähig sind. Die Investoren können die Tokens nutzen oder weiterverkaufen (mit der Hoffnung auf Gewinn). Der SAFT ist ein Wertpapier und untersteht den entsprechenden Regulierungen. Die daraus resultierenden Tokens müssen jedoch, wenn sie funktionsfähig sind, nicht zwingend Wertpapiere sein. Sie werden nach ihrer Funktionsweise klassifiziert und reguliert.

Die zuvor beschriebenen Klassifizierungen und die vier Entwicklungsstufen werden von Regulatoren i. d. R. herangezogen, um eine Bewertung durchzuführen. Der Regulator führt meist Einzelfallprüfungen durch, das heißt, dass jedes Projekt bzw. Token-Modell einzeln beurteilt und klassifiziert wird.

Aktuell beobachten wir, dass insbesondere die Aufsichtsbehörden der Finanzmärkte (FINMA in der Schweiz und BAFIN in Deutschland) sich mit Tokens auseinandersetzen. Bei ihnen stehen zwei Aspekte im Vordergrund: **die Einhaltung der Geldwäscherei- und Terrorbekämpfungsgesetze sowie der Investorenschutz**, der beispielsweise in den Gesetzen des Effektenhandels verankert ist.

 Je nach Typ und Entwicklungsstufe gelten für Tokens unterschiedliche Regulierungen

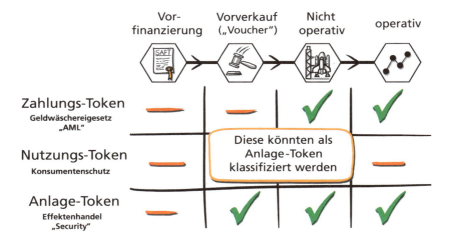

Wir empfehlen bei der Eingabe eines Token-Modells bei einem Regulator, eine spezialisierte Rechtsberatung aufzusuchen. Die dargestellten Arten und Kategorisierungen basieren auf unseren eigenen Interpretationen aus den öffentlich zugänglichen Texten der Regulatoren im DACH-Raum.

In anderen Regionen, wie z. B. den USA, ist die Situation bislang noch komplexer. Jede Behörde legt ihren eigenen Maßstab an. Zum Beispiel kann eine Kryptowährung ein Wertpapier gemäß SEC (Securities and Exchange Commission) sein und von der CFTC (Commodity Futures Trading Commission) eine andere Einordung erhalten.

Wofür kann ein Token eingesetzt werden?

Heute laufen die meisten Transaktionen noch in der physischen Welt. Der erste Schritt, die physische mit der digitalen Welt zu verknüpfen, begann mit dem Internet der Dinge (IoT). Dieses steht u. a. für die Verknüpfung von Sensoren im Internet. Blockchain erweitert diesen Gedanken mit dem Prinzip vom „Internet der Werte."

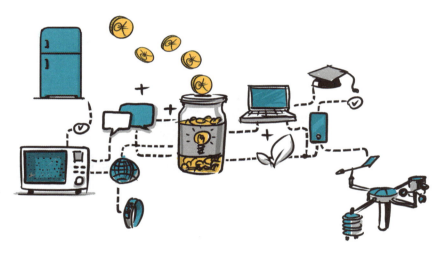

> **Das Internet der Dinge ist, wenn mein Kühlschrank Kryptowährungen schürft, um die Spielschulden meiner Mikrowelle zu begleichen. (Twitter User)**

Einleitend hatten wir bereits das Beispiel von einem intelligenten Kühlschrank erwähnt, der autonom – nach unseren Bedürfnissen – Milch bestellt und diese direkt bezahlt. All diese Überlegungen gehen in Richtung Tokenisierung.

Wir möchten zwei Varianten vorstellen, die zeigen, wie die physische und die digitale Welt konvergieren:

1. **Gegenstände mit digitalem Geldbeutel**
   Wie im Kühlschrank-Beispiel können einfache Transaktionen komplett autonom durchgeführt werden. Geräte können aber auch selbst Geld verdienen,

indem sie ihre Dienstleistung „vermarkten". Eine Wetterstation kann z. B. ihre Daten im Netz verfügbar machen und bekommt dafür ein kleines Entgelt.
2. **Vermögenswerte mit digitalem Avatar**
   Der digitale Avatar fungiert als Abbild des physischen Gegenstandes. Dadurch lassen sich komplexe Transaktionen voll digitalisiert durchführen. So lassen sich z. B. Mikro-Beteiligungsmodelle an Immobilien oder an wertvollen Gemälden umsetzen. Eine andere Anwendung ist die lückenlose Protokollierung der Herkunft von seltenen, geschützten oder gefährlichen Rohstoffen. Die Firma Everledger regelt so beispielsweise die Dokumentation von Diamanten.

In beiden Fällen hilft uns das Internet der Dinge und Werte, die physische Welt mit der digitalen zu verbinden.

Eignen sich Tokens als Investition?

Aktuell wird in Tokens investiert und Bitcoin ist das beste Beispiel dafür, wie sich ein Token innerhalb eines Jahrzehnts vom Spielzeug für Anarchisten und Zahlungsmittel im Darknet zu einer „Wertanlage" entwickeln kann. Wir hatten  bereits in Kapitel 1 über die Abgrenzung zu Fiat-Währungen etc. philosophiert. Am Ende des Tages ist es immer eine Chancen-/Risikobetrachtung. Und es erscheint uns wichtig, dass Anleger wissen, worin sie investieren und wie es um die Rechte aus dem Token steht.

Die wahre Bewährungsprobe für einen Token ist seine Nützlichkeit.

In dynamischen Märkten wird natürlich auch spekuliert. So muss davon ausgegangen werden, dass im Preis von vielen Tokens die „Fantasie" mit eingepreist ist. Die Zeit wird zeigen, welche Business Ökosysteme wirklich funktionieren und echte Mehrwerte für alle Akteure bringen werden.

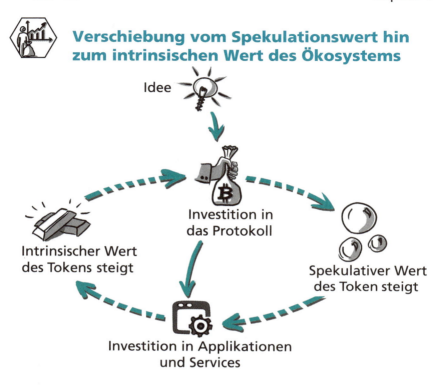

Tokens wirken aktuell wie eine Epidemie. Lauscht man den Gesprächen im Zug, in Bars und Restaurants im Krypto-Valley, so gibt es oft nur ein Thema: **der aktuelle Bitcoin-Kurs und mit welchem Token man potenziell das schnelle Geld machen kann.**

Es erinnert ein bisschen an die „New Economy", an den Goldwahn der Spanier im Mittelalter oder, wenn wir noch weiter in die Geschichte der Menschheit zurückblicken, daran, als Münzen (z. B. Millares, florentinische Florinen und venezianische Dukaten) im Rahmen von Glaubenskriegen ausgegeben wurden. Heute versuchen verschiedene Tokens, die Macht und die Herrschaft von Ökosystemen zu erhalten. Eine breite Akzeptanz werden wir aber heute wie damals nur dann erleben, wenn eine Interoperabilität stattfindet, was nichts anderes heißt, als dass die jeweiligen Systeme andere „Tokens" akzeptieren und an ihre Werthaltigkeit glauben.

Token Events

Nachdem wir jetzt ein gutes Verständnis über die verschiedenen Arten von Tokens gewonnen haben, stellt sich die Frage, wann sich ein Token Event für die Finanzierung eignet. Wir möchten im Folgenden auf die häufigste Form eingehen: **das Initial Coin Offering (sog. ICO).**

Was ist ein ICO?

Der Begriff Initial Coin Offering (ICO) ist angelehnt an ein Initial Public Offering (IPO). Ein IPO ist ein Börsengang, bei dem Aktien aus dem Bestand von Altaktionären oder aus einer Kapitalerhöhung auf dem Kapitalmarkt angeboten werden. Beim IPO werden Firmenanteile verkauft, während bei einem ICO Tokens in unterschiedlichen Kategorien herausgeben werden.

Bei einem ICO werden i. d. R. Zahlungs-, Nutzungs- oder Anlage-Tokens herausgegeben.

Wie bereits erwähnt, sind die Rechte unterschiedlich. Anleger sollten wissen, dass sie in bestimmten Fällen unwissentlich eine „Spende" machen und keine Rechte aus dem Token zu erwarten sind.

Dieser Fall kann bei sogenannten Token Generating Events (TGE) eintreten, da es kein „Offering" im rechtlichen Sinne darstellt: **TGEs haben keine versprochene Gegenleistung.**

Als Investor sollte man vor einem Engagement in ein ICO neben der Idee und der Token-Art weitere Punkte betrachten:

- Stellt das Vorhaben öffentliche Dashboards zur Verfügung?
- Hat das Vorhaben unabhängige und anerkannte Auditoren?
- Sind die Lieferversprechen gut formuliert, damit sie später gemessen werden können?

- Gibt GitHub oder ein anderes öffentliches Repository den Fortschritt wieder und hat das Vorhaben eine Erfolgsbilanz?
- Wie werden die Fortschritte kommuniziert?
- Bloggen und kommunizieren die Menschen hinter dem Vorhaben regelmäßig über die Aktivitäten?
- Hat das Team die richtigen Fähigkeiten, um das Vorhaben umzusetzen?
- Stecken hinter dem Vorhaben echte Menschen mit einer Historie, echten LinkedIn Profilen und einem Track Record?
- Hat das Vorhaben Berater und ein erfahrenes Advisory Board?
- Sind das Ziel und die Art des Token bekannt und soll dieser z. B. an einer öffentlichen Exchange gelistet werden?

Für welche Vorhaben macht ein ICO Sinn?

In der Regel macht ein ICO dann Sinn, wenn Kapital für den Aufbau eines Ökosystems benötigt wird und eine entsprechende Blockchain-Applikation entwickelt werden soll, in welcher der Token eine bestimmte Funktion besitzt. Das heißt, es macht weniger Sinn, einen Friseursalon oder ein Fitnessstudio damit zu finanzieren, auch wenn aktuell der Kreativität von Whitepapers anscheinend keine Grenzen gesetzt sind. Ein kurzer Blick auf die einschlägigen Webseiten (z. B. www.ico-list.com) zeigt, was aktuell alles an ICOs geplant ist. Die Namen der ICOs reichen von „BunnyToken" über „FireLotto" bis hin zum „Zeus Token". Wir gehen davon aus, dass die große Mehrheit der gelisteten ICOs weder ein durchdachtes Business Ökosystem besitzen, noch ausgereifte Token Economics dahinterstehen.

Ein ICO als Finanzierungsmittel bietet sich an, wenn wir die folgenden Fragen mit guten Argumenten beantworten können:

Token Events

- Gibt es ein existierendes Problem, das mit dem Token gelöst werden soll?
- Hat der Token einen bestimmten Zweck oder eine Funktion im System (innerhalb des Systems oder z. B. in Bezug auf den Kryptowährungsmarkt)?
- Gibt es wirklich keine effiziente Alternative für einen Token?
- Gibt es Überlegungen zu einem funktionierenden Business Ökosystem inkl. Wertströme?

Warum sind ICOs so populär?

Die Popularität von ICOs ist auf ein Marktmomentum zurückzuführen, welches 2017 ins Rollen kam, als einige Vorhaben mehrere Millionen Euro einsammeln konnten. Danach sind viele Whitepapers wie Pilze aus dem Boden geschossen – viele davon ohne jeglichen Bezug zu einem nachhaltigen System, das aufgebaut werden soll, andere mit sehr guten und durchdachten Ideen. Zudem konnten wir einen sehr liquiden Markt beobachten, der hungrig nach Investitionsmöglichkeiten war.

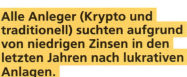

==Alle Anleger (Krypto und traditionell) suchten aufgrund von niedrigen Zinsen in den letzten Jahren nach lukrativen Anlagen.==

Außer Bitcoin gab es vor 2016 kaum Möglichkeiten, in andere Tokens zu investieren. Erst der Boom an ICOs hat diese Möglichkeit eröffnet. Die Infographik zeigt die Anzahl der durchgeführten ICOs, inkl. Investitionshöhe bis November 2017, in der Schweiz und Weltweit.

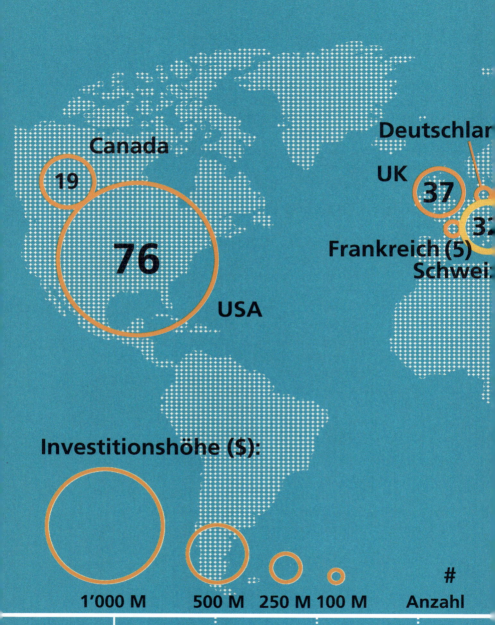

 +500 ICOs von 2013 bis Nov. 2017 | 4.9 Mrd. USD investiert | Teilweise Schwierigkeiten Talente und Start-ups anzuziehen | Einige Länder erwägen Verbote für Blockchain-Initiativen

Für Vorhaben auf der Suche nach Kapital ein echter Glücksfall: Noch nie war es so einfach und so effizient, Geld einzusammeln. Zudem waren die Eintrittsbarrieren in bestehende und neue Märkte und Geschäftsmodelle noch nie so niedrig. Die ursprüngliche Idee von Crowdfunding nahm so eine neue Dimension an.

> **Die Phase der Euphorie hat ihren bisherigen Höhepunkt im Sommer 2017 erreicht mit einigen der prominentesten und ertragreichsten ICOs.**

Unsere Einschätzung ist, dass wir eine initiale Phase der Euphorie erlebt haben, in der eine bunte Mischung an ICOs durchgeführt wurden.

Durch das hohe Interesse der Aufsichtsbehörden sehen wir aktuell eine Professionalisierung von ICOs. Diese Entwicklung hat eine sehr positive Seite: **Sie gibt Sicherheit und Stabilität.**

Die Planung, Durchführung und Umsetzung eines ICOs ist komplex und facettenreich. Es braucht ein gutes Team und erfahrene Advisor, die mit Struktur und Disziplin die Vorhaben begleiten.

Welches sind die typischen Meilensteine eines ICO?

Die Aktivitäten für einen ICO gliedern sich in zehn grobe Meilensteine. Das Vorgehen ist oftmals nicht so linear wie auf der nächsten Abbildung dargestellt. Besonders in den ersten Phasen ist ein iteratives Vorgehen zu empfehlen.

Die Analogie zu einer Vorbereitung für einen Flug in das Weltall ist nicht zufällig gewählt. Ohne eine initi-

Token Events

ale Betrachtung der Umlaufbahn (= Ökosystem), ein Grundverständnis über Aviation (= Branchen- und Prozess-Know-how) etc. wird jede Mission ins Weltall misslingen.

Die folgenden Phasen werden in der Regel bei einem ICO-Vorhaben durchlaufen:

Startphase: Projekt-Roadmap und Token Economics definieren

Erfolgreiche ICOs haben in der Regel vom Start weg:

- ein motiviertes Team mit einer klaren Projektvision und Umsetzungsfähigkeiten.
- einen starken Fokus auf die technische Machbarkeit. Diese wird in der Regel in Form eines MVP oder PoC bewiesen.
- einen schlüssigen Business-Plan, basierend auf einem Business Ökosystem und definierten Wertflüssen. Der Nutzen für die verschiedenen Akteure im System ist nachvollziehbar und schlüssig.
- einen detaillierten Zeitplan für den ICO und eine Roadmap für die Umsetzung des gesamten Vorhabens. Zudem besteht eine Budgetabschätzung für die Projektdurchführung.
- definierte Finanzierungsziele, die mit dem erarbeiteten Business-Plan und dem Budget einhergehen.

Die Definition der Token Economics umfasst alle ökonomischen Charakteristiken der Tokens:

- Art des Token (Zahlungs-, Nutzungs- oder Anlage-Token). Falls mehrere Token-Arten emittiert werden, so ist jede Art eindeutig zu definieren.
- Gesamtzahl der Tokens (mit oder ohne Begrenzung) und in welchem Zeitraum wie viele Tokens herausgeben werden.
- Besondere Bedingungen, z. B. die Herausgabe von neuen Tokens oder die Vernichtung von Tokens.

Phase 1: Whitepaper erstellen und publizieren

Das Whitepaper dient der Öffentlichkeitsarbeit für das Projekt und den ICO. Es fasst die Motivation für das Vorhaben zusammen und soll die Community und die Investoren ansprechen. Ziel ist, sich von der Masse der ICOs abzuheben.

Das Whitepaper enthält unter anderem

- die wichtigsten Meilensteine des ICOs,

- die Roadmap für das Vorhaben, das realisiert werden soll (inkl. Projektumfang),
- die Verwendung der Mittel (z. B. für Aufbau Plattform, Ökosystem etc.),
- die Token Economics,
- die Beschreibung der technischen Plattform und Geschäftsmodellinnovation sowie
- die beabsichtigte Token-Funktionalität inklusive Klassifizierung.

Phase 2: Marketing & Promotion durchführen

Für ein erfolgreiches Coin Offering ist es unerlässlich, das Vorhaben, den ICO und die Vision in der Community bekannt zu machen. Hierbei hilft eine Kommunikationsstrategie und -Timeline der Events. Ziel ist, das Vertrauen der Community zu erlangen und diese vom Vorhaben zu begeistern.

Es stehen dafür verschiedene Mittel zur Verfügung:

- Pressemitteilungen, Blogs und Social Media Posts
- Meet-ups, Konferenzen und Events
- Beiträge in einschlägigen Medien
- Projektwebsite, inkl. kurzen Videos und Verlinkungen zum Download und zum Launchpad

Phase 3: Unternehmensstruktur bestimmen und gründen

Die gewählte Rechtsform ist mit einer Unternehmensgründung zu fixieren oder, bei bestehenden Unternehmen, der Mantel ist zu bestimmen, der für das Vorhaben genutzt werden soll.

Neben den klassischen Unternehmensformen (Aktiengesellschaft, GmbH etc.) hat sich für einige Projekttypen die Stiftung als geeignete Form erwiesen. Dies ist insbesondere sinnvoll, wenn das Projekt von einer Open Source Community vorangetrieben werden soll und kommerzielle Ziele nicht im Vordergrund stehen.

Phase 4: Compliance sicherstellen und steuerliche Aspekte abklären

In dieser Phase geht es darum, die Risiken zu erkennen und zu minimieren. Das beinhaltet die Analyse der regulatorischen Gegebenheiten bis hin zu Zulassungen durch die Aufsichtsbehörden.

Besondere Beachtung benötigen:

- Regulatorische Anforderungen, z. B. Finanzbestimmungen, Geldwäschegesetz, Steuerfragen usw.
- Gesetzliche Vorgaben und technische Standards der anvisierten Branche

Es ist zu empfehlen, zu diesem Thema eine offene und formelle Diskussion mit den jeweiligen Behörden und Aufsichtsorganen zu führen.

Phase 5: ICO-Infrastruktur bereitstellen

Für den Launch wird eine sichere und funktionstüchtige ICO-Infrastruktur (sog. Launchpad) benötigt. Zudem müssen die Zahlungsarten bzw. Zahlungsplattformen entsprechend verfügbar gemacht werden. In der Regel wird in Kryptowährungen investiert, jedoch werden Investitionen in Fiat-Währungen (z. B. mit Kreditkarten oder PayPal) immer beliebter. Unabhängig von der Methode ist es wichtig, dass die investierten Mittel der Anleger sicher aufbewahrt werden: Fiat-Währungen typischerweise bei einer Bank oder Kryptowährungen in einem Vault. Die Sicherstellung von KYC (Know Your Customer) und AML (Anti Money Laundering), also die Identitätsprüfung der Investoren und Prüfungen im Rahmen der Geldwäsche, ist i. d. R. vorzunehmen.

Phase 6: ICO-Infrastruktur Security Audit durchführen

Ein ICO Launchpad sollte den aktuellen Sicherheitsansprüchen genügen. Aus diesem Grund empfehlen wir, vor dem Launch Sicherheits-Audits durchführen zu lassen. Neben der herkömmlichen IT-Sicherheit sind zwei Aspekte von Relevanz:

Token Events

- Überprüfung des Smart Contract Codes, der den ICO steuert
- Integration der Zahlungsplattformen und des Vault.

Phase 7: Rechtliche Bedingungen definieren und publizieren

Die Art und Klassifizierung des Token wird durch die Gegenpartei bestimmt. Falls Rechte und Pflichten in engem Zusammenhang mit den Tokens stehen, braucht es z. B. allgemeine Geschäftsbedingungen (sog. AGBs), die entsprechend auszugeben sind.

Die Entwicklungsstufen eines Token über die jeweiligen Token Events haben ebenfalls Einfluss auf die rechtlichen Bedingungen, wie z. B. die Nutzung von SAFT-Verträgen bei Vorfinanzierungen.

Phase 8 (optional): Token Pre-Sales durchführen

Je nach Projekt kann die Option gewählt werden, einen Teil der Tokens für ausgewählte Investorengruppen bereits vor dem offiziellen ICO zu reservieren. Dieses Privileg wird oft institutionellen Investoren oder auch Unterstützern der ersten Stunde (z. B. Business Angels etc.) gewährt.

Phase 9: ICO Public Sales durchführen

Der ICO Public Sales wird offiziell lanciert und Investoren haben die Möglichkeit, ihre Investitionen zu tätigen. Auf einem guten ICO Launchpad kann vieles automatisiert werden. Dennoch sollte während des Events z. B. ein aktives Sicherheits-Monitoring durchgeführt werden. ICOs sind von großem Interesse für Hacker: Phishing- und DDoS-Attacken sind an der Tagesordnung. Zudem sollte den Investoren der entsprechende Support bei Fragen rund um den ICO bereitgestellt werden. Investoren können z. B. Probleme mit der Wallet-Software oder allgemeine Fragen zum Ablauf haben.

Außerdem ist es fundamental wichtig, währenddessen das Feedback der Investoren und der Community aufmerksam zu verfolgen. Auf negative Rückmeldungen sollte schnell und professionell reagiert werden. Die Erfahrung zeigt, dass sich auf Social-Media-Plattformen schlechte Nachrichten schnell verbreiten und mehr Zuspruch erhalten als gute Nachrichten. Das Team sollte deshalb alle Kanäle im Auge behalten.

Der ICO ist ein wichtiger Meilenstein in einem Vorhaben. Jedoch beginnt nach dieser intensiven Zeit die eigentliche Arbeit: **das Zusammenstellen der richtigen Fähigkeiten für die Umsetzung der Vision.**

Nach einem erfolgreichen ICO geht es darum, die gemachten Versprechen einzulösen.

Die vier wichtigsten Aktivitäten sind:

- Die Projektumsetzung gemäß Roadmap
- Die Betreuung der Investoren nach dem ICO
- Die kontinuierliche Kommunikation über den Status
- Der Aufbau des Teams und der Fähigkeiten

„Einen Token herauszugeben ist einfach, eine nützliche Anwendung zu liefern extrem schwierig."
Richard Burton, Co-Erfinder von Ethereum

Interview mit MME

Rechtliche und regulatorische Herausforderungen

„Blockchain ist eine der dümmsten Arten, kriminell zu sein."

Thomas Linder, Partner bei MME

MME Legal | Tax | Compliance ist eine bedeutende und bekannte Anwaltskanzlei im Krypto-Valley. Die Rechtsanwälte, Steuerexperten und Compliance-Spezialisten von MME haben sich auf das Thema Blockchain, Krypto und TGEs spezialisiert.

Warum Blockchain?

Blockchain kann die Kontrolle über digital gespeicherte Informationen an den eigentlichen Urheber zurückgeben. Thomas Linder erklärt, dass wir heute mehrheitlich diese Kontrolle verloren bzw. (zum Teil unbewusst) abgetreten hätten. So gehören zum Beispiel die Fotos, die wir auf Facebook publizieren, nicht uns, sondern Facebook – oder sie sind auf der Cloud gespeichert und können ohne unser Einverständnis kopiert und weiterverbreitet werden.

Mit Blockchain-Lösungen kann diejenige Person die digitalen Informationseinheiten kontrollieren, welche die entsprechenden „Private Keys" dazu hält. Ob und inwiefern diese Information übertragen oder benutzt (und vor allem monetarisiert) werden darf, entscheidet alleine der Besitzer.

Für Thomas Linder ist die Blockchain aber auch ein technologiebasiertes sozioökonomisches Experiment. Es verkörpert eine Art demokratisch geführtes Eigentums- und Transaktionsregister, bei welchem klare Regeln und Besitzverhältnisse gelten. Es braucht keinen Intermediär mehr als „Garant", weil im dezentralen System „das Netzwerk" selbst diese Kontrollfunktion übernimmt. Smart Contracts sind neben diesen Grundfunktionen eine der wesentlichen Innovationen der Blockchain.

Wie sieht es rechtlich aus? Kann ein Programmcode einen rechtskräftigen Vertrag abbilden?

Für Thomas Linder ist das eine wichtige Frage: *„Ein Smart Contract ist, sehr einfach ausgedrückt, ein technologisches Hilfsmittel, um eine Vertragsklausel automatisch abzuwickeln. Dabei ist es auch möglich, gewisse Vertragsinhalte direkt im Code festzulegen. Ausschlaggebend ist aber, wer die Vertragsparteien sind und welche Rechte und Pflichten diesen zustehen."*

Im Vertragsrecht gibt es den entscheidenden Punkt der *Willenserklärung*. Jede Partei geht bewusst und gewillt ein Vertragsverhältnis ein und verspreche seine Handlungen im Sinne des Vertrages durchzuführen, so Thomas Linder.

Eine Maschine, in diesem Fall der Smart Contract, kann (noch) keine Willenserklärung abgeben. Ein Smart Contract führt Aktionen quasi als Delegierter einer Partei aus. Die Frage ist: Wessen Willen vertritt der Smart Contract, wenn er „hartnäckig" seine vorprogrammierten Regeln abarbeitet?

==Das Thema der Willenserklärung ist nur ein Beispiel, das zeigt, dass diese Technologie noch in den Kinderschuhen steckt.==

Zudem lassen sich bis jetzt nur „binär" erfassbare Sachverhalte programmieren. Die Realität ist jedoch weit komplexer, als dass jede mögliche Situation im Code erfasst werden kann. Das zeige die Grenzen von Smart Contracts klar auf, hält Thomas Linder fest.

Smart Contracts stehen häufig im Zentrum von sogenannten ICOs und TGEs. Welches ist der Unterschied zwischen ICO und TGE?

Ein ICO ist aus unserer Sicht ein **„Offering"** und setzt ein Versprechen einer Partei voraus. Diese zentrale Partei wird implizit als Gegenpartei angesehen, inklusive ihrer entsprechenden Pflichten. Plakativ ausgedrückt sagt die Partei: „Ich verkaufe dir etwas!"

Das beschriebene Offering sei das eigentliche Versprechen und könne vielfältig sein, so Thomas Linder. Zum Beispiel würden Nutzungsrechte, Eigenkapitalanteile oder kollektive Kapitalanlagen abgebildet. Der Token ist dabei lediglich das technische Mittel für die „Buchführung" und sagt aus, wer wie viel gekauft hat.

Nach Thomas Linder ist ein TGE hingegen ein neutraler Oberbegriff für alle Arten der **„Generierung"** von Tokens. Der TGE beschreibt, was auf der technischen Ebene passiert. Smart Contracts generieren die digitalen Tokens und weisen diese mittels Eintragung auf der Blockchain dem entsprechenden Besitzer zu. Ein TGE muss aber nicht unbedingt ein „Offering" im rechtlichen oder regulatorischen Sinne sein. Dezentrale, Smart Contract basierte Netzwerke brauchen eben gerade keine Gegenpartei mehr. Die rechtlichen oder regulatorischen Folgen hängen daher vom Resultat eines TGE ab, also von welcher Art Tokens generiert werden.

Dies lässt sich am besten am Beispiel eines Forks beschreiben. Wenn eine Blockchain ein Fork durchführt, bekommen die Besitzer der ursprünglichen Tokens automatisch auch die Tokens der neu geschaffenen Blockchain. Es gibt kein Offering. Die sogenannten „Genesis Block Allocations" und „Airdrops" funktionieren ähnlich.

Warum macht jemand unentgeltlich, also ohne Offering, ein TGE?

Dezentrale Netzwerke basieren meist auf dem Open Source Prinzip, welchem ein unentgeltliches „Crowd-Developing" inhärent ist. Dazu braucht es keine großen Konzerne oder staatliche Subventionen, sondern einfach viele innovative Leute mit demselben Ziel: Man will zusammen ein besseres, dezentrales und unabhängiges Internet schaffen, in welchem jeder Nutzer digitale Eigentumsrechte ausüben kann. Thomas Linder zeigt sich überzeugt: „Die Eigentumsgarantie ist eines der wichtigsten verfassungsmässigen Rechte, welche es zu verteidigen gilt – gerade auch im digitalen Zeitalter".

Warum unterscheidet man vermehrt zwischen ICO und TGE?

Die Verwirrung ist entstanden, weil man bisher zwei Geschäfte (bzw. zwei Zielsetzungen) vermischt hat: die Herausgabe von Tokens als Finanzierungsinstrument für Geschäftsaktivitäten (ICO) und die Token-Generierung als Mittel zur Schaffung eines dezentralen Netzwerkes, d. h. eines Protokolls oder einer Plattform (TGE).

Es sind in der Tat zwei unterschiedliche Sachverhalte. So werden für dezentrale Projekte z.B. oft Schweizer Stiftungen ohne Gewinnerzielungsabsicht verwendet, um die Protokollentwicklung zu fördern und Spenden entgegen zu nehmen.

TGE und ICO sind zwei unterschiedliche Vorgänge

Ein **TGE** ist ein Mittel zur Schaffung eines dezentralen Netzwerkes, d.h. eines Protokolls oder einer Plattform.

Bei einem **ICO** sollte ein „Finanzinstrument" (z.B. Eigenkapital, Anlagefonds, Nutzungsrechte) als Gegenleistung ausgegeben werden.

Vertragliche oder regulatorische Folgen sind abhängig von „Versprechen" und Token-Typ.

ICOs und TGEs bzw. die generierten „Tokens" werden zunehmend als Investition angesehen. Wie sieht hier die Rechtslage aus?

Für Thomas Linder ist ganz klar: *„Es kommt wieder auf die Frage an: Was wurde versprochen/offeriert?"*

Wenn ein finanzieller Return versprochen wurde, dann ist es eine Investition in ein Finanzprodukt, in Eigenkapital, in eine Obligation oder in einen Anlagefonds. Das darf reguliert werden und sollte daher auch im Fokus der Regulierungsbehörden sein.

Wenn hingegen eine Technologie versprochen wurde bzw. deren Entwicklung, dann handelt es sich um ein

Projekt-Crowdfunding eines Softwareproduktes. Hier stehen allenfalls Fragen des Konsumentenschutzes im Vordergrund. Es geht zum Beispiel um die Frage: Macht die Plattform am Ende das, was versprochen wurde?

Wird schließlich ein Zahlungsmittel ausgegeben und agiert eine Partei als Finanzintermediär, wären die Geldwäschereibestimmungen anwendbar. In dezentralen Netzwerken fehlt aber ein solcher Intermediär meistens.

Stichwort Regulierung: Wo stehen wir heute?

Bis jetzt gibt es keine wirklich spezifische Regulierung, so Thomas Linder. Jede Behörde versuche, ihre existierenden Frameworks auf diesem Gebiet technologieneutral zu applizieren.

Das ist auf der einen Seite sinnvoll und vernünftig, aber auf der anderen Seite nicht immer einfach. Dezentrale Netzwerkinfrastruktur folgt der alten, zentralisierten Regulierungslogik nämlich nur bedingt. Eine Selbstregulierung durch die Community scheint da zielführender.

Auf den Punkt gebracht

- Tokens können in Zahlungs-, Nutzungs- oder Anlage-Tokens unterteilt werden.
- Für die Klassifizierung ist die Gegenpartei entscheidend. Nutzungs-Tokens können in unterschiedlicher Weise existieren, falls AGBs oder ein verbrieftes Recht hinter dem Token stehen.
- Bei einem Token Event, z. B. in Form von einem ICOs, sollte von Anfang an klar sein, welches Problem der Token löst und welche Rechte dieser im Zielzustand hat.
- Investoren und Anleger sollten vor einem Engagement gründlich prüfen, worin sie investieren. Im schlimmsten Fall machen sie eine Spende ohne Recht auf einen Gegenwert.
- Die Aktivitäten für einen ICO gliedern sich in zehn grobe Meilensteine, von der Definition der Projekt-Roadmap und der Token Economics bis hin zur Durchführung des Public Sales.
- Die Beispiele von MME helfen in der Unterscheidung von Tokens als Finanzierungsinstrument für Geschäftsaktivitäten (ICO) und der Token-Generierung als Mittel zur Schaffung eines dezentralen Netzwerkes, d. h. eines Protokolls oder einer Plattform (TGE).

KAPITEL 5

Blockchain Assessment

Blockchain Assessment

Am Ende dieses Buchs möchten wir ein Framework vorstellen, welches über die letzten Jahre aus verschiedenen Projekten und Initiativen in Zusammenarbeit mit Kunden, Start-ups und Beratern im Blockchain-Umfeld entstanden ist. Das „Blockchain Assessment Framework" startet mit den zentralen Fragen in Bezug auf die Motivation und erweitert sich hinsichtlich der Finanzierung via ICO.

==Das Framework hat sich in der Definition und Auswahl von Blockchain-Vorhaben und in der Initialisierung und Durchführung von Token Events als nützlich erwiesen.==

Aus welchen Bestandteilen besteht das Assessment?

Das Framework enthält alle relevanten Elemente für die Formulierung und Bewertung eines Blockchain-Vorhabens.

Das Framework ist in zwei große Bereiche aufgeteilt:

1) Core Assessment inkl. Ökosystem Design
2) ICO Extension

Das **Core Assessment** findet im weitesten Sinne bei allen Vorhaben Anwendung. Im Zentrum wird dieses mit Business Ökosystem Design erweitert, was bereits in Kapitel 3 beschrieben wurde.

Bei Blockchain-Vorhaben, die zusätzlich einen ICO als Finanzierung miteinbeziehen möchten, kommt die **ICO Extension** zum Einsatz. Diese Erweiterung schließt die Erkenntnisse aus Kapitel 4 mit ein. Das Framework adressiert die wichtigsten Fragen, die in Bezug auf die Definition, Planung und Durchführung Relevanz haben.

146 Kapitel 5

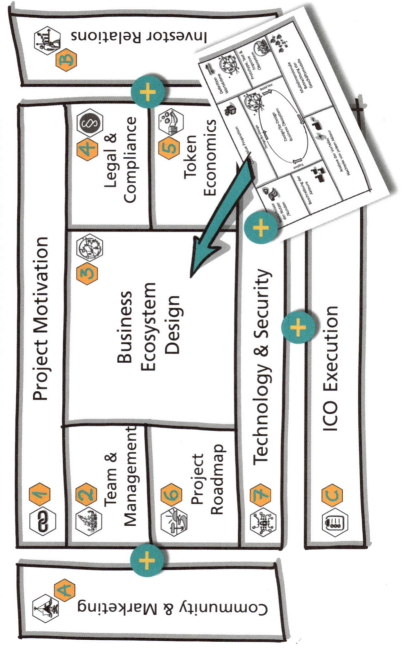

Das Blockchain Assessment Framework

Im Folgenden werden die Schritte 1 bis 6 und die Erweiterung zu Token Events (A, B, C) kurz beschrieben. Das komplette Framework, inkl. Business Ecosystem Canvas, kann unter www.krypto-valley.com/canvas kostenlos heruntergeladen werden.

1) Definition der MOTIVATION

Wir starten in unseren Überlegungen mit der Motivation für das Vorhaben und gehen davon aus, dass es bereits Überlegungen zur Notwendigkeit eines digitalen Produkts oder Services gibt. Services, die bereits bestehen, zielen in den meisten Fällen auf eine höhere Automatisierung oder, durch die verbesserte Effizienz, Marktbreite ab. Falls es noch keine bestehende Lösung gibt, empfehlen wir, mit einem Design Thinking Workshop zu starten. Das Vorgehen erlaubt, ausgehend von einem Problem, über Iterationen zu einer Lösung zu gelangen. Wir haben bei einem solchen Vorgehen sehr gute Erfahrungen gemacht, bereits in der Formulierung der Problemstellung die Blockchain mit ihrem dezentralen Charakter mit zu berücksichtigen.

Sobald eine Lösung erarbeitet oder der Anwendungsfall definiert ist, der digitalisiert werden soll, stellen wir zwei Fragen:

- Welches Problem soll mit Krypto und Blockchain gelöst werden?
- Warum soll Blockchain zum Einsatz kommen?

Am besten nehmen wir zwei Beispiele aus den bisherigen Kapiteln zur Hand.

Im Anwendungsfall von „Kryptowährungen" ist die Antwort auf die zwei Fragen klar. Es sollte zum einen das Problem von Double Spending bei digitalen Währungen gelöst werden. Zum anderen sollte ein System ohne Intermediäre, sprich Banken, geschaffen werden.

Im Anwendungsfall von E-Mobilität möchten wir die Transaktionskosten senken und das Laden via Smart Contract automatisieren.

Die Erfahrung zeigt, dass viele Vorhaben bereits an dieser Stelle scheitern. Der Grund ist oftmals, dass herkömmliche Standardapplikationen und Technologien besser geeignet sind als Blockchain, um einen spezifischen Anwendungsfall zu realisieren. Zudem sollte nicht außer Acht gelassen werden, dass die Integration einer Blockchain-Applikation in bestehende Systemlandschaften zusätzliche Kosten verursacht. Dies trifft insbesondere dann zu, wenn es sich um ein bestehendes Ökosystem handelt, in dem z. B. eine Wachstumsopportunität erschlossen wird. Aktuell ist auch zu beobachten, dass Kombinationen aus Standard- und Blockchain-Applikationen realisiert werden, bei denen auf bestehenden und bereits integrierten Lösungen aufgebaut wird. Die Blockchain dient in diesen Fällen z. B. für die „lückenlose Dokumentation" von Ereignissen.

2) Fähigkeiten von TEAM & MANAGEMENT

Für die Gestaltung und Umsetzung von Blockchain-Vorhaben braucht es unterschiedliche Fähigkeiten, angefangen bei Branchen- und Prozess-Know-how bis hin zu Expertise in Bezug auf regulatorische und rechtliche Fragen. Zudem muss der Business Case schlüssig sein oder der Effizienzgewinn die Investitionen entsprechend rechtfertigen. Die Schlüsselfragen in Bezug auf das Team und Management bei Unternehmen sind:

- Wer ist der Sponsor aus dem Business?
- Wer bringt die unterschiedlichen Fähigkeiten im Team ein und sind entsprechende Experten verfügbar (Legal, IT-Architektur, Business Development & Strategie, Softwareentwickler etc.)?
- Besteht die notwendige Maturität in Bezug auf den Umgang mit digitalen Veränderungen?
- Wer hat die Fähigkeit, ein neues Business Ökosystem zu gestalten, und die Möglichkeit, mit den Akteuren im System in einen Dialog zu treten?

Blockchain Assessment

Ein erfahrenes Blockchain Advisory Team (von einer etablierten Beratung oder Blockchain Advisory Boutique) kann allfällige Lücken im Know-how füllen und als „Facilitator" für die Gestaltung des Business Ökosystems fungieren.

Bei ICO-Projekten oder disruptiven Wachstumsopportunitäten sind zudem weitere Fähigkeiten von großer Bedeutung. Man braucht Teammitglieder, die z. B. die folgenden Fragen beantworten können:

- Welche größere Vision soll mit dem Vorhaben realisiert werden?
- Welches ist die Value Proposition für den Service oder das Produkt?
- Wie unterscheidet sich die Lösung von anderen (Blockchain-)Lösungen?
- Welches sind die Alternativen (nicht Blockchain) im Markt? Und welche Vorteile und Nachteile haben die jeweiligen Alternativen?
- Weshalb ist das Team, inkl. der Advisor, optimal aufgestellt?

Generell sind die Teams und richtigen Fähigkeiten vom Start bis zur Umsetzung von großer Bedeutung. Ein gutes Konzept oder ein schlüssiges Whitepaper reichen zwar, um die Finanzierung erfolgreich durchzuführen. Man benötigt aber auch den Willen und die Fähigkeiten, ein solches Projekt umzusetzen und später operativ zu führen.

3) ÖKOSYSTEM DESIGN als zentraler Baustein

Wie wir bereits in Kapitel 3 festgestellt haben, müssen die neuen Business Ökosysteme aktiv gestaltet werden. Ein Zielsystem wird erst dann funktionieren, wenn alle Beteiligten im Ökosystem einen Vorteil haben und eine eindeutige Value Proposition für die jeweiligen Kunden definiert ist. Für den Initiator eines solchen Systems ist zu empfehlen, eine multidisziplinäre Betrachtung der Geschäftsmodelle durchzuführen, d. h., das eigene Geschäftsmodell und das der anderen Akteure im System zu definieren. Die Fragen ergeben sich aus dem Canvas. Die wichtigsten Fragestellungen sind:

- Welche Akteure sollen im System Relevanz haben?
- Welches sind die Vorteile und Nachteile je Akteur?
- Welches sind die konkreten Anreizmechanismen für jeden Akteur?
- Können Intermediäre eliminiert werden? Wenn ja, welche?
- Wie sind die Wertflüsse zwischen den Akteuren definiert?
- Welche Akteure sollen im Rahmen eines Minimum Viable Ecosystems (MVE) involviert werden?
- Sind die Akteure bereit, ggf. in das System zu investieren?

Das Design eines Business Ökosystems sehen wir als wichtige Komponente im Framework. Und es ist zu empfehlen, hier genügend Zeit einzuplanen, iterativ vorzugehen und die Akteure im System frühzeitig zu involvieren.

4) LEGAL & COMPLIANCE Anforderungen einhalten

Im Bereich Legal & Compliance müssen verschiedene Punkte geprüft werden. Die Proof Points sind natürlich sehr stark von der Branche und dem Vorhaben abhängig. Viele Branchen (z. B. das Versicherungs- oder Gesundheitswesen) haben spezifische Vorschriften, die eingehalten werden müssen. Das reicht von der Rechtsverbindlichkeit von Smart Contracts bis hin zur Auswahl des richtigen Token-Modells für das jeweilige Vorhaben. Es empfiehlt sich deshalb, eine formelle Diskussion mit den jeweiligen Aufsichtsbehörden zu führen. Insbesondere um auch der Frage nachzugehen, ob es sich z. B. um einen Asset- oder Utility-Token handelt, wie in Kapitel 4 beschrieben. In vielen Vorhaben werden inzwischen auch zwei Token lanciert: **ein Tokens als Beteiligung zum Vorhaben und ein Token zur Nutzung des finalen Systems.**

Blockchain Assessment

Die zentralen Fragen sind:

- Welche Art von Token wird benutzt und welches sind seine Eigenschaften und Funktionen?
- Welche gesetzlichen Grundlagen und Verordnungen kommen zum Tragen?
- Wie wird das Projekt in Sachen Governance und rechtliche Strukturen aufgebaut?
- Welche besonderen Regulationen gibt es in der anvisierten Branche?

Im Krypto-Valley wurde in den letzten Jahren oft ein Modell gewählt, das auf einem Mix aus einer Stiftung und Firmen basierte. Solche Modelle haben einige Vorteile in rechtlicher und steuerlicher Sicht, aber auch hier ist zu prüfen, ob diese Vehikel für das jeweilige Vorhaben geeignet sind.

Je nach Zweck und Struktur des Projekts müssen weitere rechtliche Aspekte und Risiken im Einzelfall beurteilt werden, z. B. Fragen rund um Urheberrechte.

5) TOKEN ECONOMICS gestalten und simulieren

Basierend auf dem definierten Business Ökosystem und der Art der Token – z. B. Anlage-, Nutzungs- oder Zahlungs-Tokens – werden die Token Economics festgelegt. Es kann durchaus passieren, dass in der Ausarbeitung dieses Elements des Frameworks Erkenntnisse gewonnen werden, die wiederum Auswirkungen auf die rechtliche Prüfung und das Business Ökosystem haben. Es macht deshalb Sinn, diese drei Phasen als Einheit zu sehen, in der iterativ gearbeitet wird.

Token können zudem an verschiedene Bedingungen geknüpft werden, z. B. die zeitliche Überlassung von Eigentum oder Deflation. Die daraus resultierenden „Krypto-Economics" stützen sich auf bekannte Modelle der Mikroökonomie, Spieltheorie und der gewählten Kryptografie. Dahinter stehen ökonomische Anreize, wie z. B. künstliche Verknappung. Die zentralen Fragen sind:

- Welche Art von Token soll eingesetzt werden?

- Welches sind die zugrunde liegenden ökonomischen Mechanismen der Tokens?
- Wie funktionieren die Generierung und die Verteilung der jeweiligen Tokens?
- Gibt es ein Verfahren, um Tokens „zu vernichten" oder wertlos zu machen?
- Ist die Anzahl der Tokens begrenzt („capped") oder unbegrenzt („uncapped")?
- Werden die Tokens als TGE oder als Offering lanciert?
- Sollen die Tokens an einer Exchange gehandelt werden?
- Wer sind die Gegenparteien?
- Gibt es Rechte und Pflichten aus den Token?

Unserer Erfahrung nach ist eine klar definierte Token-Strategie, welche die Wertströme im Business Ökosystem kommuniziert, unabdingbar. Bei ICOs untermauert eine solche Strategie zudem die Glaubwürdigkeit und Akzeptanz des Projekts im Markt und bei Investoren.

6) PROJECT ROADMAP erarbeiten

Ein typisches Blockchain-Projekt startet mit den Bedürfnissen von Nutzern und einem klar definierten Problem. Design Thinking hilft in einer frühen Phase, den Dingen auf den Grund zu gehen. Daran schließt sich das *Business Ecosystem Design* an, welches die Basis für die Token Economics ist. Auf dieser Basis werden Proof Points formuliert, die schrittweise über den Projektverlauf bis zum Piloten beantwortet werden.

Die Roadmap muss klar definierte und realistische Ziele haben. Die wichtigsten Fragen zu den erfolgskritischen Elementen sind:

- In welcher Entwicklungsstufe befindet sich das Projekt (Vorfinanzierung, Vorverkauf, Pre-funktional/Pre-operativ oder bereits operativ)?
- Wie schnell kann das Team mit einem MVP/MVE beweisen, dass das Vorhaben funktioniert?
- Sind die Meilensteine klar definiert und mit messbaren Resultaten und Proof Points verknüpft?

Blockchain Assessment

- Welche Proof Points sind kritisch (z. B. Legal) und würden das Vorhaben stoppen?
- Steht das Projektbudget im vernünftigen Verhältnis zu erwarteten Erträgen?

Im Falle eines Finanzierungsbedarfs für das Vorhaben kann auf der Basis des Core Assessments ein sog. Whitepaper für einen potenziellen ICO formuliert werden.

7) TECHNOLOGY & SECURITY beherrschen

Im Bereich der Technologie ist grob zu unterscheiden, ob das Vorhaben auf einer „Public" oder „Private" Blockchain umgesetzt werden soll und welche Plattform (z. B. Ethereum oder Hyperledger) hier am besten geeignet ist, beziehungsweise ob gegebenenfalls eine neue Plattform gebaut werden soll. Zudem ist das Thema Security zentral, um die ersehnte „Gewissheit" sicherzustellen.

Viele Blockchain-Vorhaben protokollieren den Übergang von Eigentum und deshalb stehen Fragen rund um das Security-Modell im Vordergrund. Jede Plattform bietet spezifische Eigenschaften, die im Kontext des Projekts und dessen Umsetzung beurteilt werden müssen.

- Gibt es bekannte Angriffspunkte auf die zugrunde liegende Technologie?
- Entspricht die benutzte Kryptografie dem aktuellen Stand der Technik?
- Wurde beim Audit und der Verifikation der Smart Contracts eine umfassende Prüfung durchgeführt?
- Ist der Konsensus-Algorithmus sicher, um Manipulation auszuschließen?
- Sind zentralisierte Komponenten vorhanden, die zu einem „Single Point of Failure" führen können?

Die Beurteilung dieser Fragen benötigt spezialisiertes Know-how. Es ist deshalb wichtig, beim Assessment auf entsprechende Expertise zurückzugreifen.

Insbesondere die Überprüfung der Smart Contracts hat sich als Schlüsselfaktor erwiesen. Hierzu sind Sicherheitsaudits des Quellcodes unerlässlich.

A. COMMUNITY & MARKETING lancieren

Bei einem ICO ist neben einem schlüssigen Konzept, das im Whitepaper beschrieben wird, der Aufbau einer Community wichtig. Authentizität und Transparenz sind Grundwerte in der Krypto-Community und so zahlt sich eine offene und transparente Kommunikation aus. Inzwischen gibt es eine Vielzahl von spezialisierten Anbietern, die ICOs kommunikativ begleiten, die jedoch auch sehr teuer sind. Die größte Herausforderung ist im Moment, aufgrund der Vielzahl der ICOs noch Aufmerksamkeit zu erhalten. Umso wichtiger ist es, Netzwerkeffekte zu realisieren und eine überzeugende Value Proposition zu präsentieren. Eine gute Message an den Markt sollte die folgenden Fragen beantworten:

- Wie lautet das Werteversprechen?
- In welchen Aspekten ist das Konzept anderen überlegen?
- Wie sieht das Ziel-Ökosystem aus?
- Welche Grundprinzipien der Token Economics werden angewandt?
- Welche Technologie wird angewandt?

Mit Marketing und Community-Building hat das ICO-Team die Chance, ihre Fähigkeiten und Ambitionen mit dem Markt zu teilen. Ziel ist, den gewünschten Betrag zur Realisierung eines Projekts zu erhalten.

B. INVESTOR RELATIONS aktiv gestalten

Neben Marketing und Community-Building ist der enge Austausch mit den Investoren von großer Bedeutung. Neben den Investoren, die in Public Sales partizipieren, sind die Investoren wichtig, die größere Beträge investieren möchten oder Teil eines Ziel-Ökosystems sein werden. Auch hier ist Transparenz über das Vorhaben das A und O:

- Wie werden die Interessen der Investoren geschützt?
- Gibt es Investorengruppen, die bevorzugt werden?
- Gibt es Vorteile für Investoren, die in einer Pre-Sales-Phase partizipieren?

Blockchain Assessment

- Was bekommen Investoren für ihr Geld?
- In welche Art Token investieren sie?
- Und welche Chancen und Risiken gehen sie ein?

C. ICO EXECUTION strukturieren und überwachen

Bei der Ausführung eines ICO sind zahlreiche Punkte zu beachten. Zum einen ist je nach Token-Art ein KYC (Know Your Customer) und AML (Anti Money Laundering) zwingend notwendig. Zum anderen ist sicherzustellen, dass die Token-Herausgabe und Verteilung funktioniert. Viele Vorhaben setzen aktuell dabei auf einen ERC20 Token von Ethereum. Zudem ist zu definieren, in welcher Form Zahlungen entgegengenommen werden sollen. Hier ist am Ende alles möglich, von der Entgegennahme anderer Kryptowährungen bis hin zu Kreditkarten und PayPal. Zudem empfiehlt es sich, mit einem etablierten Partner für den Token Launch zusammenzuarbeiten. Spezialisierte Beratungshäuser (z. B. die Big-4 und Inacta) und Anwaltskanzleien unterstützen bei den relevanten Fragen und haben die entsprechenden Partner im Netzwerk, die sichere ICO Launchpads bereitstellen. Die wichtigsten Fragen bei der Umsetzung:

- Sind alle Anforderungen in Bezug auf KYC und AML erfüllt?
- Ist das Launchpad sicher und von einem etablierten Anbieter?
- Ist ein aktives Sicherheits-Monitoring aufgesetzt?
- Ist ein Kommunikationsteam vorhanden, um Feedback und Anfragen aufzunehmen und zu beantworten?
- Werden alle Social-Media-Kanäle (z. B. Slack Channels, Telegram Gruppen etc.) aktiv bearbeitet und überwacht und kann in angemessener Zeit reagiert werden?

Das vorgestellte Framework hat die wichtigsten Fragen kurz beleuchtet. In vielen Projekten sind weiterführende Punkte zu adressieren und je nach Branche individuell zu beantworten. Am Ende kommt meist noch die Frage nach den Kosten für ein Blockchain-Projekt. Die

Umsetzung von Proof-of-Concepts können in der Regel mit einem überschaubaren Betrag (fünf- bis sechsstellig) durchgeführt werden. Erste Pilotanwendungen können je nach Größe des Ökosystems variieren. Ein Rollout kann mit den entsprechenden Integrationen in die Millionen gehen. Die Kosten für einen ICO sind in letzter Zeit um ein Vielfaches gestiegen. Insbesondere ist der Aufwand für Rechtsberatung und Marketing nicht zu unterschätzen. Meist wollen die Berater in Fiat-Währungen bezahlt werden. Um diese ersten Kosten zu decken, entscheiden sich viele Start-ups für einen ICO Pre-Sale. Die Einnahmen dienen dazu, den eigentlichen ICO vorzubereiten und durchführen zu können.

Die größte Hürde bleibt am Ende die Umsetzung. Aus unserer Erfahrung empfiehlt es sich, mit einem Proof-of-Concept zu starten, in welchem neben einem klickbaren Prototyp die Proof Points zu den regulatorischen und technischen Komponenten geklärt werden. Die Überführung in einen Piloten und die Arbeit mit MVEs erhöhen die Geschwindigkeit und verkürzen die Lernkurve. Für die vollständige technische Umsetzung empfiehlt es sich, eine erfahrene Mannschaft aus Solution Architects, Software- und Protokollentwicklern und (falls nötig) Experten mit Integrations-Know-how hinzuzunehmen.

Auf den Punkt gebracht

- Ein Blockchain-Vorhaben sollte eine klare Motivation haben, aus der hervorgeht, warum Blockchain eingesetzt wird und welches Problem damit gelöst wird.
- In vielen Fällen kann das Problem auch mit einer zentralisierten Standardsoftware gelöst werden. Spätestens der Business Case zeigt, ob sich ein Blockchain-Vorhaben wirklich rechnet.
- Das Herzstück bildet das Business Ökosystem Design, aus dem z. B. die Token Economics abgeleitet werden können.
- Das Team und das Management hinter einem Blockchain-Vorhaben sind wichtige Erfolgsfaktoren. Es

Blockchain Assessment

braucht Menschen, welche die Fähigkeit besitzen, in den neuen dezentralen Business Ökosystemen zu denken, und heterogene Teams für eine erfolgreiche Umsetzung.
- Bei ICOs kommen weitere wichtige Fähigkeiten hinzu. Hierzu gehören das Community-Building, Marketing und die Investor Relations.
- Am Ende steht die Umsetzung des Konzepts. Hierfür braucht es neben „Solution"-Architekten, Software- und Protokollentwicklern auch Integratoren (falls das System mit einer bestehenden IT-Landschaft interagieren soll).

AUSBLICK

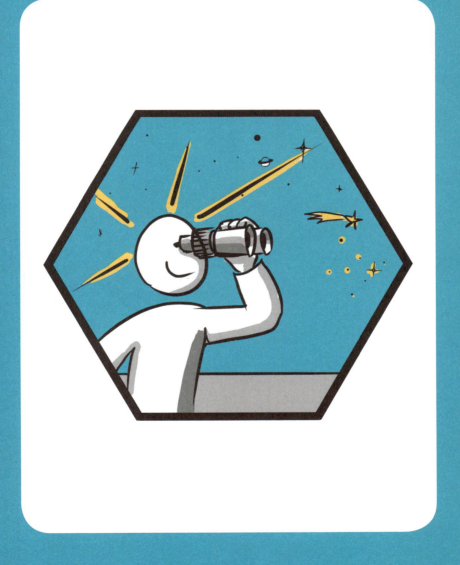

Ausblick

Unsere Momentaufnahme aus dem Krypto-Valley hat gezeigt, dass Blockchain und Krypto als unveränderbares, verschlüsseltes und dezentrales System viel Potenzial hat. Wichtig erschien uns, ein besseres Verständnis mit diesem Krypto-Buch zu schaffen: **Wann ist Blockchain die geeignete Technologie und für welche Anwendungsfälle kommt sie infrage?**

Sicher ist, dass viele Vorgänge dank Blockchain in Zukunft autonom ablaufen und zentralisierte Systeme sowie Prozesse schrittweise abgelöst werden. Diese Entwicklung wird zahlreiche Intermediäre aus dem Markt drängen, was dazu führt, dass die Transaktionskosten in vielen Branchen erheblich sinken. So ermöglicht Blockchain, die nächste Phase der Digitalisierung einzuleiten.

Aber Blockchain als Schlüsseltechnologie macht nicht für jedes Vorhaben Sinn. Deshalb sollte iterativ geprüft werden, welches Problem gelöst werden soll und weshalb Blockchain anderen Technologien überlegen ist.

> Das „Blockchain Assessment Framework" gibt ein Raster für die Beurteilung von Vorhaben und erweitert sich um Kernelemente, die für ICOs wichtig sind.

Diese Welle der digitalen Transformation braucht neue Fähigkeiten in unseren Organisationen. Vor allem benötigen wir Menschen, welche die Fähigkeit besitzen, in dezentralen Systemen zu denken. So wird Business Ökosystem Design zu einer sehr wichtigen Disziplin. Ein „Mindset", das die Komplexität von Systemen akzeptiert und in mehreren Iterationen Minimum Viable Ecosystems (MVEs) entstehen lässt: **die Gestaltung von Systemen mit neuen Marktteilnehmern, neuen Wertflüssen und neuen einzigartigen Erfahrungen für den Nutzer/Kunden.**

Wir gehen davon aus, dass in den nächsten Jahren der Hype um das Wort „Blockchain" abnehmen wird. Vielmehr werden wir von neuen Ökosystemen sprechen, in denen innovative Blockchain-Anwendungen zum Einsatz kommen, die schon bald in den Sektoren Gesundheit, Finanzen, Versicherungen, E-Commerce und

in vielen weiteren Branchen eine (R)Evolution einleiten werden. Also überall da, wo die Gewissheit über die Integrität der Daten sichergestellt werden muss.

Zudem werden wir zunehmend benutzerfreundliche Anwendungen sehen, die es ermöglichen, Regeln der Geschäftswelt in Smart Contracts zu überführen. Die

Ausblick

Geschwindigkeit der Adaption hängt jedoch sehr stark von den Menschen ab, die hinter den alten und neuen Akteuren im Business Ökosystem stehen. Sind sie offen, die neuen und dezentralen Systeme zu akzeptieren? Werden sie die Vorteile erkennen? Für den Erfolg benötigen wir am Ende auch immer Entscheidungsträger, die hinter den funktionierenden Ökosystemen stehen, die gemeinsam einen Standard entwickeln und akzeptieren, sodass schlussendlich alle im definierten System einen Vorteil haben.

> **Informationstechnologie steht nicht in Konkurrenz zum Menschen, sondern unterstützt und befähigt uns, unser Leben besser und einfacher zu machen.**

Bei allen Technologie-Umbrüchen und allen Vorteilen, die Blockchain und Krypto bieten können, bleibt in der digitalisierten Welt der Mensch weiterhin zentral. Die Vorteile von erhöhter Sicherheit, niedrigeren Transaktionskosten, neuen Angeboten und automatisierten Prozessen kommen am Ende uns allen zugute.

Am Ende dieser Momentaufnahme möchten wir uns für die thematische Reflexion bei der Blockchain Community im Krypto-Valley bedanken. Insbesondere für die wertvollen Diskussionen mit den Blockchain- und Krypto-Enthusiasten von Accenture, Deloitte, KPMG, PWC, MME, Inacta, SkyCell, Etherisc, Blockhaus, SwissRe, Allianz, Zurich Insurance Group, AXA etc. und verschiedenen Mitgliedern der Konsortien B3i, Car Dossier und Mitgliedern von Digital Switzerland.

> **Wir wünschen euch viel Erfolg bei der Umsetzung eurer Projekte und viele Chancen für neue Marktopportunitäten in dieser nächsten Welle der Digitalisierung!**

Merci vielmals!

Krypto-Valley Branchenbuch

Anfang 2018 waren bereits 500 Unternehmen, Organisationen, Start-ups und Blockchain-Vohaben im Krypto-Valley und der Schweiz aktiv (Auszug A-Z):

4
4_eyes

A
A-coin
ABC Mint
Abele Innovation Consulting
Accenture
Actus Tax
Adconity
AdNovum
Aeternity
Agavon
AgroFintech
AI + Blockchain
Airbie
Akasha International
AKN
Alethena (Equility)
Algo Trader
Alpere
Alpha Block
Ambrosus Technologies
Aragon
Archilex

B
B3i
Bancor
Bank Frick
Bär & Karrer
Base58
Bellegarde Capital
Biots
BitBoost
BITC

Bitcoin Association Switzerland
Bitcoin News Schweiz
Bitcoin Schweiz
Bitcoin Suisse
Bitconsult
Bitfinancial Hldg.
Bitfinitum
Bitlumens
Bitmain
Bitmax
Bitnation
Bitwala
Bity
Blockbrew
Blockchain & Bitcoin Conference
Blockchain & Cryptocurrency Services Zug
Blockchain Buero
Blockchain Car dossier
Blockchain Comp. Real Estate
Blockchain Competition
Blockchain Initiatives
Blockchain Intelligence Group
Blockchain Lab
Blockchain Leadership Summit
Blockchain Mining
Blockchain Revolution
Blockchain Solutions
Blockchain Source
Blockchain Summit Crypto Valley
Blockchain Switzerland
Blockchain Trading fund
Blockchain X
Blockhaus

Blockimmo
BlockLogiX
Blocksmatter
Blocktrade
Bloomio
Bluelion
Bluenote
Bochsler Finance
Bochsler Group
Boscoin
Bprotocol
Brainbot Labs
Brand Leadership Circle
Bravis
BroadLights
Buildcoin
Bussmann Advisory

C

Candoo Labs
Capgemini
Cardano
Cardstack
Center for Innovative Finance
Chain Capital
Chainitlab
Chainium
Chainsecurity
Climatecoin
Cloudeo
Codex Execution
Cofoundit
Cognizant
Coinlab Capital
Compliance Group
ConsenSys
Contract Vault
CoreLedger
CoreLedger Labs
Corion
Cosmos
Covee Network
Cryptectum
Cryptix
Crypto + ICO Summit
Crypto Broker

Crypto Country association
Crypto Explorers
Crypto Finance
Crypto Finance Conference
Crypto Fund
Crypto Star Index
Crypto Storage
Crypto Valley Association
Crypto Valley Labs
CryptoCash
CryptoCribs
CryptoGroup Swiss
Cryptocurrency & Blockchain Assets
Cryptopolis
Cryptos Fund
Custodian Services
Cybertrust

D

DEZOS
Datum
Dav network
De la cruz beranek
Decent
DecentAge
Decentralized Insurance
Decentriq
Decom
DeepAlpha
Deloitte
Demiurge Technologies
Dfinity Network
Dialethoo
Digipharm
Digital Bit Box (shiftcrypto)
Digital Ledger Systems
Digital identity
Digitalswitzerland
Doqum.io

E

E-metis
EPFL Lausanne
EST Capital
ETH Zürich

Krypto-Valley Branchenbuch

EY
Ecurex
Eidoo
Elea Labs
Elocations
Emotiq
Energy Web
Envion
Epiphany
Equacoin
Erbguth
Ethereum
Etherisc
EverdreamSoft
Experty.io

F

F10 Incubator & Accelerator
FHNW
FINMA
FMA
Falcon
Feathercoin
Finance 2.0
Fineac Treuhand
Finews
Finka
Fintech News Switzerland
FintechFusion
Fintechnics
First Advisory Group
Forctis
Freight Coin
Froriep
Ft.digital fintech
Fundraiso
Furrerhugi

G

GN Treuhand
Gambio Service
Ganten Group
Gatechain
Gigsters App
Global Blockchain Business Council

Gmelius
Golem
Gravity
Greater Zurich Area
Gremis
Grunder Rechtsanwälte
Grydl Analytics

H

HARDAH
HDAC
HIT
HSLU
HWZ
Hedge Crypto
Hive Blockchain Switzerland
Hive Power
Holo.host
HumanAI
Hyperion Capital

I

IBM
IBREA
ICO Funders
ICON
IXO
Ibt
Inacta
Indenodes
Indus Finch Group
InfoGuard
Innmind
Inpher
Insurepal
Interchain
International Create Challenge
Interwerk LAB
Investiere
Iprotus
Ipso Microelectronics
Ipstock

J

Japan Communicate
Jibrel Network
Jud Schöni and Partner

K

KPMG
Kasko2go
Kickstarter
Koina
Kopanyo
Kroin
Krypto-Valley.com

L

LAPO
Lakeside Business Center
Lakeside Partners
Lamden
Leax Avocats
Legal Technology Switzerland
Lexpert Partners
Lexr
Liechtenstein Cryptocurrency Exchange
Lillup
Lisk
Localflow
LoyaltyCoin
Lucris
Luxoft
Lykke
Lüscher Blockchain Revolution

M

MAMA
MME
Maecenas
Monaco Technology
Monetae
Monetas
MoneyGrid
Monyx
Mt Pelerin
Multiverse
Mybit

N

NGN
Narwal
Netguardians
Nexussquared
Niederer Kraft & Frey
Nimiq
Nortide Capital
Noviant
Nägele-Rechtsanwälte

O

ODEM
OTC swiss blockchain
Oakura Ventures
Old School
Omega
Omegon
Oppchain
Oyoba

P

PRIVATE KEY Executive Search
PWC
PWC Legal
Pandora Boxchain
Papers
Particl.io
Patientory
Pavocoin
Payment21
Peerspoint
Pexapark
Pikciochain
Pillar
Pom+ Consulting
Porini
PrepayWay
Procivis

Krypto-Valley Branchenbuch

Prosume
Proxeus
Pst Consulting

Q

Qiibee

R

Redalpine Ventures
Refind
Rennaissance Capital
Repay.me
Reportix
Rex Technologies
Rightmesh
RigoBlock
Rising Star Accelerator
Rockstar Recruiting

S

SICTIC
SIX
Safekee
Saga
Scenic Swisscoast
SecuTix
Securify
Securosys SA
Seeger,-Frick-&-Partner
Shapeshift
Sharekey
ShieldIT
Shopiblock
Silkchain
Singular DTV
SingularityNET
Sionik
Sirin Labs
SkyCell
Smart Credit
Smart Valor
SmartOne
Smex
Spirit Blockchain
Splendit

Starbase
Start Global
Start Hack
Startupticker
State Secretariat for Inter. Finance - SIF
Status
Streamr
Strong.codes
Stutz
SwarmCity
Sweetbridge
Swiss Blockchain Association
Swiss Blockchain Solutions
Swiss Blockchain Summer School
Swiss Blockchain Technologies
Swiss Blockchain Technology
Swiss C-Share (Daura)
Swiss Crypto Vault
Swiss Cryptotech
Swiss Finance Technology Association
Swiss Fintech Innovations
Swiss Startup Factory & Insurtech
Swiss UniCryp
SwissBorg
SwissCryp
SwissDiamondCoin
SwissRealCoin
Swissmine
Swissquote
Global Enterprise
Symbioses

T

TARCO
Tangem
Temenos
Tend
Tezos
Ti&m
Tiberius

Token Commons Network
Tokenestate
Trade.io
Transfero Swiss
Truebit
Trust Square
Tsrpay
Twenty Thirty (2030)

U

UBEX
UBEX AI
UTRUST
UZH
UZH Blockchain Center
UniSG

V

VALID
VR All Art
Validity Labs
Vimana
Visceral
Vision&
Vontobel
Värdex

W

WLTH
Walder Wyss
Walthinitiative
Web3
Wemakeit
Wenger & Vieli
What.digital
Winbot
Winding Tree
Web3
Wings
Wisekey
Wolk

X

Xapo
Xupery

Z

ZHAW
Zero Knowledge Labs
Zühlke

Quellen

DigiCash (2017). *DigiCash (Wikipedia)*. Abgerufen am 17. April 2018 von https://en.wikipedia.org/wiki/DigiCash

Friedman, M. (1999). *Anti-Trust and Technology*. (J. Berthoud, Interviewer, NTU/F, Herausgeber)

Lewrick & Link (2018), *Mit Design Thinking den digitalen Graben überwinden*, in IM+IO Magazin, Heft 1, 2018, Seite 74–78

Lewrick et. al. (2018), *Das Design Thinking Playbook*, München: Vahlen

Lewrick (2018), *Design Thinking: Radikale Innovationen in einer digitalisierten Welt*, Vahlen

MME (2018). *BCP Framework for Assessment of Crypto Tokens*. Abgerufen am 5. Mai 2018 von https://www.mme.ch/en/magazine/magazine-detail/url_magazine/conceptual_framework_for_blockchain_crypto_property_bcp

NEMoGrid (2018). *NEMoGrid Projekt*. Abgerufen am 12. April 2018 von http://nemogrid.eu

Siemens (2018). *Brooklyn Microgrid*. Von http://sie.ag/2k8n2mX abgerufen

Szabo, N. (1996). *Smart Contracts: Building Blocks for Digital Markets*. Abgerufen am 01. 01 2017 von http://www.fon.hum.uva.nl/rob/Courses/InformationInSpeech/CDROM/Literature/LOTwinterschool2006/szabo.best.vwh.net/smart_contracts_2.html

Tapscott, D., & Tapscott, Alex. (2016). *Die Blockchain-Revolution: Wie die Technologie hinter Bitcoin nicht nur das Finanzsystem, sondern die ganze Welt verändert*, Plassen Verlag

Stichwortverzeichnis

A
AGB, 118, 135, 142
- *Siehe auch* Initial Coin Offering; Token Generating Event

Akteur, 30, 42, 89, 97-98, 100-111
- *Siehe auch* Business Ökosystem

Anlage, 123, 127
- Anlage-Token, 80, 90, 116-118, 121, 142
- *Siehe auch* Token-Art

Assessment. *Siehe* Blockchain Assessment Framework

Asset, 67, 70
- Digitales Asset, 20-23, 30, 35, 44, 91, 97

Automatisierung, 15, 17,

B
Bitcoin, 21, 24, 37, 39, 41, 60, 65-69, 123, 127
- *Siehe auch* Kryptowährung

Blockchain, 19-24
- Blockchain-Protokoll, 29-30
- Private Blockchain, 38, 41
- Public Blockchain, 37-39

Blockchain Assessment Framework, 145ff

Blockchain-as-a-Service, 31-32

Business Ökosystem, 89
- Business Ecosystem Canvas, 105
- Business Ökosystem Design, 98-102

C
Canvas
- als Teil vom Blockchain Assessment Framework, 146
- Business Ecosystem Canvas, 105

Cold-Storage. *Siehe* Vault
Community Building, 154
Compliance. *Siehe* Regulierung
Crypto Valley. *Siehe* Krypto-Valley

D
Design Thinking, 99, 147
Dezentralisierung
- Ökosystem, 87
- Strukturen, 29
- Systeme, 19, 26, 68

Digitale Revolution, 15, 24, 29
Digitale Signatur, 56
- *Siehe auch* Kryptografie

Digitale Transformation, 15, 92-94, 161
Digitaler Fingerabdruck. *Siehe* Hash
Digitalisierung. *Siehe* Digitale Transformation
Distributed Ledger. *Siehe* Blockchain
Double Spending Problem, 23

E
Economics
- Krypto-Economics, 68, 151
- Token Economics, 107, 132-133, 151

Entwickler. *Siehe* Protokollentwickler
ERC20 Token, 155

– *Siehe auch* Ethereum
Ethereum, 67, 117
– *Siehe auch* Public Blockchain

F
Fiat-Währung, 60-67
Finanzierung, 125
Framework. *Siehe* Blockchain Assessment Framework
Funktion. *Siehe* Token-Funktion

G
Gegenpartei
– bei ICO, 138
– bei Smart Contracts, 71
– bei Token, 116-118
Geschäftsmodell, 43, 92, 105, 149

H
Hard Fork, VII
Hash, 55, 80
– *Siehe auch* Kryptografie

I
ICO. *Siehe* Initial Coin Offering
Initial Coin Offering, 125.
– *Siehe auch* Token Generating Event
Intermediär, 24, 90
Internet. *Siehe* Internetprotokoll
Internet der Dinge, 122
Internetprotokoll, 27
Investieren, 123, 154
Investor, 8, 125, 154
IoT. *Siehe* Internet der Dinge

K
Konsens, 20
– Konsens-Algorithmen, 29, 38

– Konsensverfahren. *Siehe* Konsens-Algorithmen
Konsument, 34
Kryptografie, 20, 24, 29, 55
Krypto-Valley, 3
Kryptowährung, 21, 60

M
Marketing, bei Blockchain-Vorhaben, 133, 154
Minimum Viable Ecosystem, 105
Mining, 39, 44, 67
MVE. *Siehe* Minimum Viable Ecosystem

N
Nachvollziehbarkeit, 19, 51, 97
Netzwerk, 19, 22, 28, 69, 101
Nutzungs-Token. *Siehe* Token-Art

O
Offering. *Siehe* Initial Coin Offering

P
Peer-to-Peer, 25, 35, 89
Pflichten
– bei ICO, 135, 138
– bei Smart Contracts, 72, 79, 138
– bei Token, 116
Privat. *Siehe* Private Blockchain; Privater Schlüssel
Produzent, 34
Proof of Stake (POS). *Siehe* Mining
Proof of Work (PoW). *Siehe* Mining
Proposition. *Siehe* Value Proposition
Prosumer, 34
Protokoll
– Protokollentwickler, 42, 94

Stichwortverzeichnis

- *Siehe auch* Blockchain-Protokoll; Internetprotokoll
Prozess
- Prozessoptimierung. *Siehe* Automatisierung

R
Rechte
- bei ICO, 135, 138
- bei Smart Contracts, 72, 79, 138
- bei Token, 116
Regulatorische Anforderungen. *Siehe* Regulierung
Regulierung
- von Initial Coin Offering, 137, 141, 150
- von Token, 116, 121, 150
Revolution. *Siehe* Digitale Revolution
Roadmap, 132, 152

S
SAFT, 120
Schlüssel
- Kryptogafischer Schlüssel, 56-59
- Öffentlicher Schlüssel, 56
- Privater Schlüssel, 56
Security. *Siehe* Sicherheit
Sicherheit, 24, 153
Smart Contract, 17, 29, 32 71
Soft Fork, VII

T
Teilnehmer
- Marktteilnehmer, 29, 37, 64, 95
- Netzwerkteilnehmer, 19-20, 37
- Systemteilnehmer, 32, 56, 71
TGE. *Siehe* Token Generating Event
Token
- Arten. *Siehe* Token-Art
- Definition, 115
- Funktion, 7
Token-Art, 116
Token Generating Event, 125, 138
- *Siehe auch* Initial Coin Offering
Transaktionskosten, 17, 26, 98
Transformation. *Siehe* Digitale Transformation
Transparenz. *Siehe* Nachvollziehbarkeit

V
Value Proposition, 104
Vermittler. *Siehe* Intermediär
Verschlüsselung, 20, 58
- *Siehe auch* Kryptografie
Vertrag. *Siehe* Smart Contract

W
Währung
- Digitale Währung, 21, 63
- Goldwährung, 66-67
- *Siehe auch* Fiat-Währung; Kryptowährung
Wallet, 17, 64
Wertschöpfung, 28, 33, 35, 89
Wertströme, 36, 44, 90, 97, 105
- *Siehe auch* Business Ökosystem
Whitepaper, 126-127, 131-132, 153

Z
Zahlungs-Token. *Siehe* Token-Art

Das Investoren-Handbuch für Bitcoin, Crypto-Token und Crypto-Commodities.

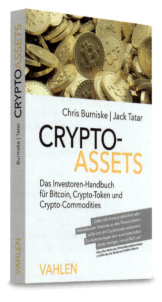

Burniske/Tatar
Crypto-Assets

2018. Rund 340 Seiten.
Kartoniert. ca.€ 34,90
ISBN 978-3-8006-5735-3
Neu im Juli 2018

Eine der am schnellsten wachsenden, aber auch volatilsten Investmentgelegenheiten verändert das Denken vieler Investoren: Bitcoin und andere Krypto-Währungen. Dieses Handbuch stellt nicht nur eine komplett neue Asset-Klasse vor. Investoren werden lernen, wie sie die neuen Assets absichern mit bekannten Investment-Instrumenten. Es erklärt das Potenzial von Blockchain-Assets für die Portfolios von Investoren auf eine verständliche und spannende Art und Weise.

Zielgruppe sind Krypto-Enthusiasten und Investoren, die erste Erfahrungen mit Kryptowährungen sammeln möchten, sowie Investmentund Fonds-Manager.

„"

Jeder mit einem praktischen oder theoretischen Interesse an den Finanzmärkten sollte sich mit Cryptoassets auskennen. Die Autoren legen eine exzellente Arbeit dieser mutigen, neuen Welt vor.

Harry Max Markowitz, Wirtschaftsnobelpreisträger und Erfinder der Modernen Portfolio-Theorie

Bitte bestellen Sie bei Ihrem Buchhändler oder bei **www.vahlen.de**